EL POSESIVO EN ESPAÑOL

PUBLICACIONES DE LA UNIVERSIDAD DE SEVILLA

SEMINARIO DE LINGÜISTICA

FACULTAD DE FILOLOGIA

ANALES DE LA UNIVERSIDAD HISPALENSE
Serie FILOSOFIA Y LETRAS
N.º 56

ALBERTO COSTA OLID

EL POSESIVO EN ESPAÑOL

SEVILLA

1981

DISEÑO DE CUBIERTA: *JOSE CALA FONTQUERNIE*

PUBLICACIONES DE LA UNIVERSIDAD DE SEVILLA

SEMINARIO DE LINGÜISTICA

FACULTAD DE FILOLOGIA

ISBN: 84-7405-196-7   Printed in Spain   Depósito legal: 155-1981

Industrias Gráficas Visedo. Hortaleza, 1. Teléfono 24 70 01 - Salamanca, 1981

INDICE

ÍNDICE

INTRODUCCION

En el presente trabajo pretendemos realizar un estudio lingüístico del elemento tradicionalmente llamado posesivo, según un enfoque funcional y desde una perspectiva fundamentalmente sincrónica. Si en algún momento se recurre a lo diacrónico, no se hace en sí, sino como medio para una mejor comprensión de determinados aspectos de la sincronía actual.

Por su contenido, a saber, la referencia a las personas lingüísticas, es evidente la filiación del posesivo al «campo mostrativo» del lenguaje, usando una expresión de Bühler[1], por lo que se encuadra como categoría deíctica en el terreno de lo puramente morfosintáctico. Esto quiere decir que nuestro estudio no rebasará en ningún momento las fronteras de la infraestructura de la función, que se adscribe, como es sabido, al nivel de contenido del signo lingüístico[2].

Es obvio que la caracterización como deíctico del posesivo nos obliga a trabajar dentro de una sistematización de la deíxis establecida de antemano. Por considerarla la más adecuada y exhaustiva, a la vez que simple, decidimos seleccionar la que recientemente ha presentado P. Carbonero[3]. De acuerdo con

---

1. BUHLER, K.: Teoría del lenguaje, *Revista de Occidente,* Madrid, 1967.

2. LAMÍQUIZ, V.: Lingüística Española, *P. U. S.,* Sevilla, 1974, página 147.

3. CARBONERO CANO, P.: Deíxis espacial y temporal en el sistema lingüístico, *P. U. S.,* Sevilla, 1979. Ha de advertirse, no obstante, que se ha modificado a sugerencia del autor del libro y cara a la exposición del tema, la clasificación de la deíxis. La *identificación* se ha considerado dentro del capítulo dedicado a la plasmación morfosintáctica (capítulo 3). La consideración de los puntos de referencia dentro de la mostración se hace en el capítulo 1.

este planteamiento, partiremos del contenido del posesivo para llegar a la plasmación morfosintáctica, por lo que el método resultante es claramente onomasiológico.

Para todo ello, aparte de la bibliografía pertinente, se ha utilizado un *corpus* empírico variado que abarca poesía, teatro, novela y ensayo[4]. Asimismo, hemos hecho uso de nuestra competencia como hablantes de la lengua en la confección de algunos ejemplos, mientras que otros han sido tomados de lo que podríamos denominar, *grosso modo,* el habla de la calle.

Antes de terminar quisiéramos destacar que no hemos pretendido en ningún momento agotar el objeto de nuestro estudio. Somos conscientes de que quedan muchas vías por explorar, especialmente las del proceso de nominalización de las relaciones sujeto-predicado, así como las funciones del posesivo en los casos en que su uso como indicador de persona no es necesario. Evidentemente, el estudio de estos y otros temas, que perspectivas diferentes a la adoptada por nosotros arrojarían a la luz sin duda, rebasarían con mucho el límite de nuestro trabajo y darían materia para otros de carácter más amplio.

---

4. Véase Bibliografía. En la ejemplificación se advertirán una serie de siglas cuya clave ofrecemos a continuación:

B. O.:	Blas de Otero
M. H.:	Miguel Hernández
A. M.:	Antonio Machado
B. V.:	Buero Vallejo
C. J. C.:	Camilo José Cela
C. L.:	Carmen Laforet
A.:	«Azorín»
P. B.:	Pío Baroja
U.:	Unamuno.

1. EL POSESIVO: DEICTICO PERSONAL

Todos los autores señalan la relación entre el posesivo y las personas lingüísticas. No se pone en duda su condición de deíctico personal. Sin embargo, no sabemos si por considerarlo un elemento demasiado simple o por razonamientos de otra índole, el estudio del posesivo se ha relegado y no está ni mucho menos clara su relación con respecto a los demás deícticos.

Por otro lado, han incidido sobre él siempre una serie de prejuicios, consecuencia de una visión insuficiente, que han condicionado su estudio y su consideración. Quizá el más importante en este sentido sea la idea de que expresa posesión o pertenencia. Dado su interés, creemos necesario hacer un análisis detenido de la cuestión.

1.1. *La idea de posesión*

Examinando las gramáticas al uso, se observa un cúmulo de vacilaciones en torno al contenido del posesivo[1], si bien la postura más generalizada al respecto es la que se encuentra en la

---

1. Son muchos los autores en los que se observa una resistencia a hablar sólo de posesión. En la *Gramática de la lengua castellana,* A. BELLO se esfuerza por distinguir, aunque no de manera explícita, «posesión» y «pertenencia» (pág. 95). A ALONSO y H. UREÑA, en el segundo curso de su *Gramática castellana* tratan de explicar en qué consiste la pertenencia: «perteneciente, ya como posesión o propiedad ("esta casa es mía"), ya según otras relaciones: "la casa y *su* fachada"; "mis antepasados"; (...)» (págs. 95-96). Pero no especifican esas «otras relacione.». S. FERNÁNDEZ (*Gramática española. Los sonidos, el nombre y el pronombre*) destaca la construcción con sustantivos verbales, en la que el posesivo funciona como

definición de la R. A. E.: «Los pronombres que, además de designar la persona gramatical, la indican como poseedora, se llaman *posesivos,* (...)»[2].

Efectivamente, se habla de «posesión», «pertenencia», «otras relaciones», etc., pero falta sistematización en todo ello. Un tímido intento en este sentido puede considerarse la distinción entre «valor de lengua» y «efectos de sentido de discurso» que hace B. Pottier: «De là l'emploi *frequent* pour désigner la possession (mi libro), qui a fait donner abusivement le nom de possessifs à cette catégorie. Mais la relation peut être beaucop plus générale:

mi afrenta = l'affront que j'ai reçu etc.

Valeur en langue: «relatif à la personne»

Effets de sens de discours: possession, attribution, etc.»[3]

Ahora bien, tal como se plantea la cuestión, da la impresión de que esos «efectos de sentido», o están indeterminados, o son tan conocidos que el autor no necesita nombrarlos ni indicar cómo se producen.

Más consistente es el estudio de E. M. Wolf[4], quien pretende conocer cuáles son las relaciones «semánticas» entre el posesivo y el sustantivo «fuera del contexto, es decir, a base

───────────────

los genitivos subjetivos u objetivos de la gramática latina (pág. 233). En la *Gramática española* de J. ALCINA y J. M. BLECUA se señalan los matices de ironía, ternura, etc., que ofrece el posesivo en las enumeraciones de las partes de un todo (pág. 620). J. ROCA PONS, por su parte, en *Introducción a la gramática,* se esfuerza por justificar el término «posesión», relacionándolo con el sentido amplio del verbo *tener* (pág. 190). También L. TESNIÈRE piensa que el posesivo expresa algo más que posesión, y para demostrarlo aporta los famosos ejemplos de «su perro» (refiriéndose al amo como poseedor) y «su amo» (donde el perro no posee al amo) *Eléments de syntaxe structurale,* pág. 70).
Para la cita completa de las obras mencionadas, véase Bibliografía.
2. R. A. E.: *Gramática de la lengua española.* Espasa-Calpe, Madrid, 1931.
3. POTTIER, B.: *Introduction à l'étude de la morphosyntaxe espagnole.* Ed. Hispano-Americanas, París, 1963, págs. 32-33.
4. WOLF, E. M.: «El posesivo y la estructura semántica del texto». Atti del XIV Congreso Internazionale di Linguistica Romanza, vol. IV, páginas 411-419.

de su propia información»[5]. Para ello establece cuatro tipos de sustantivos:

1. Sustantivos con sema predicativo o atributivo (también llamados «de predicado semántico»).
2. Sustantivos sin sema predicativo, con predicado implícito
3. Sustantivos con sema relativo.
4. Sustantivos que no pertenecen a los tipos anteriores, pero adquieren en el contexto un predicado verbal.

El posesivo será sujeto u objeto de la idea verbal explícita en el tipo 1, y sujeto de la idea verbal implícita en los tipos 2 y 4 El tipo 3 tiene un referente complejo que incluye el referente primario (S) y el secundario (P).

En cuanto a la idea de posesión, E. M. Wolf afirma que ni proviene del sustantivo (de su significado) ni del contexto necesariamente. «Pero el sentido común y la práctica nos dicen que muchos grupos posesivos tienen efectivamente el significado de posesión o pertenencia. Y esto aparece con toda claridad cuando la idea de posesión es el tema de la comunicación y el posesivo desempeña la función de predicado: cf. *este libro es mío; he salido a buscar lo que era mío.* En estos ejemplos la influencia del contexto es mínima»[6]. En el resto de los casos, «la idea de posesión depende del contexto o de la situación que incluye como rasgos fundamentales tales como tener/perder, dar/retirar, vender/comprar, ahorrar/gastar, rico/pobre, adquirir/robar, etc.; *se me retiraron mis cosas* (que me pertenecían) *y todo, te lo juro* (Delibes)».[7]

En estos grupos con valor de posesión hay un predicado implícito *tener,* que proviene, no del sustantivo, sino del posesivo mismo[8]. De esta manera pueden aparecer casos o construcciones con dos predicados implícitos, el que proviene del posesivo y el que proviene del sustantivo:

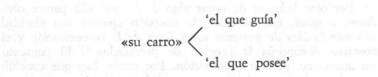

«su carro» ‘el que guía’ / ‘el que posee’

---

5. *Idem,* pág. 412.
6. *Idem,* pág. 418.
7. *Ibídem.*
8. *Ibídem.*

«Pero el sema de posesión no puede realizarse simultáneamente con el sema relativo, cf. *su cabeza* y su *cabeza* (esculpida por él y que le pertenece)» [9]. Tampoco se da «en los grupos *su pregunta, mi respuesta, su latitud,* etc.», donde «el posesivo no expresa posesión ni pertenencia». [10]

Por tanto, el valor de posesión queda restringido a aquellos sustantivos de predicado implícito o asumido por contexto. Este hecho es importante porque manifiesta una contradicción en el razonamiento de E. M. Wolf. Ella consideraba no «muy razonable» pensar en un sema de pertenencia en la estructura semántica de los sustantivos referidos a objetos, como causante del valor de posesión. Pero he aquí que son sólo estos sustantivos los que, combinados con el posesivo, dan el citado valor.

Existe otra contradicción más. E. M. Wolf afirma que cuando el posesivo es predicado, el valor de posesión aparece con toda claridad. Recordemos que en los grupos posesivos con sustantivo de predicado semántico tal valor no se admitía. Entonces, ¿cómo se explican ejemplos donde el posesivo es predicado y el sustantivo, de sema predicativo, como los que siguen?:

«(...) la victoria es suya» (A. M., 164).
«Hoy volvemos a hacerla (la pregunta) nuestra» (B. V., 83).
«no era suya la culpa» (P. B., 55).

Pero, además, hay casos de posesivos como predicado, donde, no siendo el sustantivo ni de sema relativo ni de sema predicativo, no hay valor de posesión:

«sus *Coplas mecánicas* no eran realmente suyas» (A. M., 261).

El texto significa que las *Coplas mecánicas* atribuidas a la persona a que se refiere *su, no las había compuesto él* (suyas).

Por otro lado, es de notar algo de lo que ella parece olvidarse, a saber, que el valor de posesión aparece con claridad *«cuando la idea de posesión es el tema de la comunicación* y el posesivo desempeña la función de predicado» [11]. El contexto no interviene, pero sí la situación. Por tanto, hay que concluir que, de cualquier modo, hay un condicionamiento.

---

9. *Ibídem.*
10. *Idem,* pág. 412.
11. *Idem,* pág. 418.

Pero dejemos en este punto estas consideraciones. Volveremos sobre ellas más adelante para intentar aclararlas.

Nuestro punto de partida está en el siguiente razonamiento: un elemento de la lengua no posee a otro. La posesión es una relación extralingüística que se da entre un(os) sujeto(s) y un(os) objeto(s) real(es). No hay un poseedor ni un poseído en la lengua. Sabemos que la lengua estructura la realidad externa a ella. Pero no se deben confundir las relaciones lingüísticas con las relaciones que se dan fuera de la lengua.

En el caso concreto del posesivo, ¿cuáles son las relaciones lingüísticas y cuáles las no lingüísticas?

Según Pottier, el valor de lengua del posesivo es la referencia a la persona, mientras que todo lo demás (posesión, atribución, etcétera) son «effets de sens de discours».[12]

Ahora bien, el mismo Pottier señala que en la lengua existe una doble visión, visión 1 (verbal) y visión 2 (nominal)[13]. La visión 2 presupone la visión 1, de manera que un mismo esquema conceptual puede representarse de dos modos:

V.1   Pedro es generoso.
V.2   La generosidad de Pedro

En términos de sintaxías:

V.1   SN + SV + gA
V.2   SN (gA) + de + SN

Según Pottier, «si SN = *yo, tú,* se debe recurrir al posesivo en la visión 2: *la generosidad de yo* ⟶ mi generosidad».[14]

Tanto una como otra son visiones de la lengua. El posesivo se nos presenta en los textos en forma de visión 2. El estudio de E. M.ª Wolf se dirige a la obtención de la visión 1 corres-

---

12. Véase nota 3 de este mismo capítulo.
13. POTTIER, B.: *Gramática del español,* E. Alcalá, S. A., Madrid, 1971. Es preciso poner de relieve la relación de estas visiones con las nociones de estructuras profunda y superficial de las gramáticas generativo-transformacionales. El punto de partida es diferente. Para Pottier, V.1 y V.2 son dos posibilidades de realización de un mismo esquema conceptual. Pero, al señalar que V.2 presupone V.1, está introduciendo una dimensión generativa semejante a la existente entre las estructuras antes citadas.
14. *Idem,* pág. 149.

pondiente [15]. Los «effets de sens de discours» constituyen la interpretación extralingüística de las relaciones del posesivo en V.1 ó V.2.

Tenemos así tres aspectos que se deben estudiar en interrelación para conocer bien las relaciones posesivo-sustantivo:

$$\text{Relaciones lingüísticas} \Big\langle {\text{Visión nominal (V.2)} \atop \text{Visión verbal (V.1)}}$$

Relaciones extralingüísticas

Si recordamos el estudio de E. M.ª Wolf, V.2 tiene más de una interpretación en V.1 Ello se debe a que V.1 depende del tipo de sustantivo y, por tanto, estas relaciones son discursivas, surgen de la combinatoria. Así, para V.2, donde el posesivo incide sobre el sustantivo (P $\longrightarrow$ S), tendremos cuatro tipos de V.1, que, según sintaxías, son:

1. SN + SV
2. SN + SV + gA
3. SN + SV(I) + SN
4. SN + SV(I) + gA + de + SN. [16]

¿Qué condicionamientos se siguen para que una sola estructura en V.2 sintetice cuatro en V.1?

1. *SN + SV*

Para que el posesivo de la visión 2 sea SN de la visión 1, tiene que cumplirse que el sustantivo base del SN sea '— Concreto', '+ Verbal':

V.2 «Su carrera»
V.1 «El corre»

---

15. Se excluyen las referencias al valor de posesión, que se incluyen en el nivel de las relaciones extralingüísticas.
16. *gA* significa «grupo adjetivo». *(I)* significa «implícito».

V.2 «Su construcción»

V.1 «Es construida»

E. M.ª Wolf entiende en este punto que el posesivo puede ser sujeto u objeto de un verbo transitivo. Pero, dado que el planteamiento en visión 2 es siempre el mismo: P $\longrightarrow$ S, es decir, algo (S) se ve a través de P, desde su óptica, nosotros preferimos entender los casos de objeto como sujeto de la pasiva. (Véase más adelante la explicación de la cuarta sintaxía.)

2. $SN + SV + gA$

Para que el posesivo de la visión 2 sea SN de la visión 1, tiene que cumplirse que el sustantivo base del SN sea '— Concreto', '+ Adjetivo':

V.2 «Su belleza»

V.1 «Ella es bella».

3. $SN + SV(I) + SN$

Para que el posesivo de la visión 2 sea SN (sujeto) de la visión 1, tiene que cumplirse que el sustantivo base del SN no sea de parentesco o semejantes.

V.2 «Su cuchara»

V.1 «El come con la cuchara»

El SN (objeto) puede aparecer como implemento:

V.2 «Sus coplas»

V.1 «El ha compuesto las coplas»

o como aditamento (lugar, tiempo, modo, etc.):

V.2 «Su casa»

V.1 «El vive en una casa»

4. $SN + SV(I) + gA + de + SN$

Este caso es más complejo y requiere una explicación más extensa. Además, en los restantes casos, nos hemos limitado prácticamente a seguir a E. M.ª Wolf. Aquí introduciremos una variación.

Esta interpretación se da cuando el sustantivo de V.2 es de sema relativo, es decir, de parentesco o semejantes, y partición. Estos sustantivos tienen una característica: expresan relación binaria entre dos actantes, de los cuales uno es designado por el posesivo y el otro, por el propio sustantivo:

$$\text{Act. 1 (posesivo)} \longrightarrow padre \longrightarrow \text{Act. 2}$$

relación
binaria

A pesar de que la interpretación del sustantivo en el ejemplo «tu padre» nos hace ver «el padre de ti» $\longrightarrow$ «él es padre de ti», V.2 condiciona otra interpretación: «Tú eres hijo de la persona que se presenta o de la que a continuación se va a decir algo».

Esta interpretación puede parecer rebuscada, pero no lo es. Ya dijimos antes que el grupo posesivo impone el punto de vista, dentro del SN, de la persona señalada por el posesivo. Este hecho se ve especialmente en una serie de sustantivos de sema relativo, pero de base verbal: *guardián, vigilante, propietario,* etc., cuya interpretación sería:

V.2   «(la casa) Sus vigilantes»
V.1   «La casa es vigilada por hombres»

en coherencia con lo que se ha dicho en la primera sintaxía. La diferencia con los de parentesco del tipo *padre, hijo,* etc., es que su «pasiva» conlleva un cambio léxico, no gramatical *(vigilar/ser vigilado,* pero *ser padre/ser hijo).*

Piénsese que el posesivo es lo conocido, aquello en que nos apoyamos para establecer un hecho nuevo, del que se puede o no dcir algo nuevo en la comunicación:

«Es su padre»

El sustantivo es lo nuevo, el posesivo lo redundante por conocido, pero necesario.

«Su padre ha venido»

Es del sustantivo del que se dice el hecho de «venir», no del posesivo.

Ello impone una dirección en la interpretación de las relaciones posesivo-sustantivo, donde el posesivo es antes, lo conocido previamente, y el sustantivo, lo presentado: P $\longrightarrow$ S.

La interpretación de V.2 en términos de V.1 se hará siempre partiendo del posesivo:

> V.2 «Su padre»
>
> V.1 «El es hijo de X (éste que se presenta)»

SV(1) es el verbo «ser» implícito. gA es el sustantivo en cuestión que, a nivel de predicado nominal, funciona como un adjetivo, ya que incluso deja de designar al segundo actante para referir sólo la relación: «ser-padre», «ser-hijo», etc.

Todo lo anterior puede resumirse en el siguiente esquema:

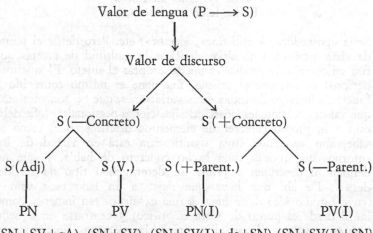

Como ya se ha dicho prácticamente, el grupo posesivo supone la nominalización de las relaciones sujeto-predicado. Ahora bien, en esta nominalización se puede destacar lo puramente verbal (las relaciones sujeto-verbo) o la relación entre los actantes (sujeto-objeto). En el primer caso, que corresponde a las dos primeras sintaxias, el sustantivo lleva en su estructura semántica un sema verbal (predicativo o atributivo). En el segundo caso, lo verbal permanece implícito y el sustantivo designa al objeto mediante el cual se realiza una acción, el lugar donde ocurre algo, etc.

Las relaciones sujeto-predicado constituyen la manifestación lingüística de múltiples relaciones extralingüísticas. No es un calco formal de lo extralingüístico. Ya se sabe que no siempre el sujeto gramatical es el sujeto real. Ni siquiera tiene que ser una persona real: «el cesto contiene papeles», «la piedra rodó por la ladera». Sin embargo, para situaciones reales tan dispares, subyace una misma estructura gramatical:

$$SN \longleftarrow SV$$

Aún en el caso de que el sujeto gramatical sea el lógico y, además, persona real, son infinitas las cosas que pueden decirse de él, de manera que en cada predicación el sujeto tomaría diferentes facetas:

> «El tiene un libro»
> «El ha vendido un libro»
> «El ha leído un libro», etc.

Sería «poseedor», «vendedor», «lector», etc. Pero desde el punto de vista lingüístico no sirve clasificar la multitud de facetas que con un cambio de predicado puede adoptar el sujeto. El sustituto personal es siempre el mismo, mantiene el mismo contenido y función a lo largo de todas estas variaciones, que no son otra cosa que valores ocasionales (léase «designaciones ocasionales»). Se debe esto a su propio carácter de elementos deícticos, que, como se sabe, son «aquellos cuya significación está en virtud de los entornos que rodean cada hecho concreto de habla, y que no definen ni describen *a priori* un determinado tipo de realidades» [17]. De ahí que haya que dejar a un lado esos valores (cuyo estudio sólo daría lugar a una casuística tan inmensa como inútil desde el punto de vista científico) y centrarse en aquello que es constante: la señalización de las personas lingüísticas y su función como sustantivo.

---

17. Carbonero Cano, P.: *Deíxis..., op. cit.*, pág. 18.

Esto, que parece estar tan claro en el personal, no lo está tanto en el posesivo, especialmente en los casos de predicado verbal o nominal implícito donde la noción verbal no está presente con la claridad con que lo está en el SV.

Efectivamente, según E. M. Wolf [18], «su novela» puede entenderse como «la novela que él ha leído» o «la novela que él ha escrito», aparte de la interpretación posesiva, «la novela que posee», siendo el contexto o la situación los que deciden, dado que no hay un valor único en la construcción. Además, contexto y situación pueden ofrecer otros: «la novela que ha comprado», «la que ha corregido», «la que ha editado», etc.

La relación específica en un texto dado no la denota el posesivo, sino el sustantivo, el contexto o la situación, si es que interesa denotarla. En el caso concreto de la relación de posesión, los condicionantes serían:

1. Que el objeto designado por el sustantivo sea poseíble. En contra de lo que piensa E. M. Wolf, creemos en la existencia de un rasgo de pertenencia que, evidentemente, no sería un sema propiamente, sino un rasgo de experiencia. Está claro que «carrera», «marcha», «ayuda», no pueden poseerse. En cambio, «libro», «coche», «casas», sí. No serán ni sustantivos '—Concreto', ni sustantivos '+Concreto', '+Parentesco', ya que aquí tampoco puede haber posesión. Sólo nos quedan los '+Concreto', '—Parentesco' y algunos casos de sustantivos '+Concreto', '+Parentesco' *(esclavo, siervo)* que, a causa de un condicionamiento socio-cultural, se ven cosificados.

Puede argumentarse que nos ceñimos a un concepto muy estrecho de posesión y que las relaciones del posesivo pueden entenderse en el sentido más amplio de pertenencia o, como decía Roca Pons, del verbo «tener». Pero en este sentido amplio podría decirse que el sustituto personal es posesivo también, en tanto en cuanto todo lo que se dice de un sujeto gramatical le pertenece.

2. Que el sujeto sea poseedor, lo que no solamente se consigue colocándole al lado un objeto poseíble, sino por condicionamientos del tipo de los señalados por E. M.ª Wolf (tener/perder, vender/comprar, etc.) o a través de la situación pragmática. El posesivo de por sí no es poseedor. Esto se ve especialmente claro en el ejemplo de Tesnière [19]: «su dueño», dicho de un perro, no

18. WOLF, E. M.: *Op. cit.,* pág. 415.
19. Véase la nota 1 del presente capítulo.

quiere decir que el perro posea al dueño, sino todo lo contrario. «Dueño», «propietario», son sustantivos que semánticamente llevan un sema de 'poseedor' y, por eso, se puede hablar de posesión sin duda, aunque no en el sentido de que el posesivo sea el poseedor. En «su perro», en cambio, «su» sí es el poseedor, pero no porque la función del posesivo sea la de expresar tal rasgo, sino porque intervienen los dos factores condicionantes para que ese valor se produzca:

1. El objeto es poseíble.
2. El sujeto está caracterizado como poseedor de forma implícita, ya que normalmente se concibe la realización *hombre-perro* como *amo-objeto poseído*.

En otros casos será necesario un contexto que especifique que la persona a que se refiere el posesivo es poseedor.

Ni que decir tiene que sólo las personas pueden caracterizarse de poseedoras en el sentido estricto más arriba aludido. Por tanto, el sema de poseedor se monta sobre el rasgo de '+Animado', '+Humano'. Difícilmente puede aplicarse a un animal o cosa el título de «propietario», «dueño» o «amo».

No debe considerarse como medio de expresar la posesión la identificación o insistencia sobre el posesivo. Efectivamente, ésta puede aplicarse a los casos en que la relación posesivo-sustantivo se interpreta como posesiva, pero también aparece en los restantes.[20]

Todas estas ideas son necesariamente aplicables al posesivo pospuesto y adverbal. El ver en ellos un valor de posesión permanente es consecuencia de un hecho perfectamente explicable. Como se verá en su momento oportuno[21], el posesivo pospuesto y, especialmente, el adverbal, muestran una fuerte tendencia a referirse sólo a sus sustantivos '+Animado', '+Humano', una de las condiciones requeridas para que surja el valor de posesión (exactamente, para poder ser poseedor). Pero esto no es suficiente. Se exigen los restantes requisitos.

Otro hecho que puede contribuir a esa falsa idea, es su autonomía acentual frente al posesivo antepuesto. Ello le da una mayor relevancia en la frase. Además, en estas posiciones, el posesivo queda libre de otras funciones morfosintácticas inherentes al antepuesto.[22]

---

20. Véase apartado 3.2.6.
21. Véase 2.1.1. $(S + P$ y $S + V + P$ o $V + (S) + P)$.
22. La de identificador del sustantivo. Véase cap. 3.

Por último, se puede insistir más aún sobre él con el recurso de la identificación.

De todos modos, siguen exigiéndose los dos caracteres básicos más arriba expuestos, para que se produzca el valor de posesión, ya que el posesivo pospuesto y adverbal pueden combinarse con cualquier tipo de sustantivos, no sólo con los de objeto (poseíbles). [23]

Todo lo dicho hasta ahora manifiesta que el posesivo no indica posesión o pertenencia sino circunstancialmente, en la misma medida que el personal. El carácter de poseedor sólo es aplicable a la designación ocasional del posesivo, cuando ésta es '+Humano', y se le ha asignado en el contexto o la situación, explícita o implícitamente, tal rasgo. Por tanto, no es función del posesivo la expresión de la posesión, sino la señalación de las personas lingüísticas, al igual que el personal. Es un deíctico personal.

1.2. El posesivo y el personal

La caracterización del posesivo como deíctico personal requiere que se aclare su relación con los otros deícticos personales, los tradicionales pronombres personales. Por lo tanto, la pregunta que se intentará responder en este apartado es la de qué tipo de relación existe entre el posesivo y los personales.

Es un hecho general y reconocido la estrecha relación morfológica entre uno y otro:

	1.ª	2.ª	1.ª	2.ª
Personal ..	me, mí	tú, te, ti	nosotros	vosotros
Posesivo ..	mi, mío	tu, tuyo	nuestro	vuestro

La tercera persona se relaciona con el reflexivo.

Además, el posesivo establece un sistema ternario de oposiciones que es el ya conocido para los sustitutos personales:

---

23. Véase 2.1.1.

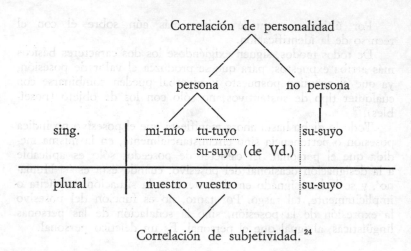

Correlación de personalidad

persona   no persona

sing.   mi-mío tu-tuyo   su-suyo
su-suyo (de Vd.)

plural   nuestro vuestro   su-suyo

Correlación de subjetividad. [24]

Algunos autores consideran el posesivo como el caso genitivo del personal [25]. Pero E. Alarcos rechaza con razón esta interpretación argumentando que lo genitivo está lexicalizado [26] De este modo, el posesivo no sería más que un derivado del personal [27]. En este mismo sentido parece estar la idea de Marcos Marín que lo clasifica de retrospectivo, ya que presupone a las personas lingüísticas, a las que él identifica con los pronombres personales [28]. Pottier, por su parte, lo considera una variante del personal en su *Gramática del español* [29]. En la *Introduction* aclara este concepto [30]: «La signification de base des "possessifs" est la relation qu'ils établissent avec la *personne*.

mi signifie "qui a rapport à *moi*"»

24. Hemos usado la terminología de BENVENISTE: «Relaciones de persona en el verbo», *Problemas de lingüística general*. Siglo XXI, Madrid, 1974, pág. 171).

25. ALCINA, J., y BLECUA, J. M.: *Gramática española*. Ariel, Barcelona, 1975, pág. 614.

26. ALARCOS LLORACH, E.: *Gramática estructural*. Madrid, Gredos, 1974, pág. 92-93.

27. *Ibídem.*

28. MARCOS MARÍN, F.: *Aproximación a la gramática*. Cincel, Madrid, 1974, pág. 151.

29. POTTIER, B.: *Gramática...*, *op. cit.*, pág. 41.

30. ....: *Introduction...*, *op. cit.*, pág. 32.

La R. A. E. [31] destaca el que se refieran a las personas gramaticales como los personales, así como determinados empleos con sustantivos verbales donde participan como sujeto o complemento de la idea verbal contenida en el sustantivo. Esto, unido a la distinción clara de funciones morfosintácticas entre los personales (sustantivos) y los posesivos (adjetivos), apunta a una interpretación de variantes semejante a la de Pottier.

Con respecto a esta diferencia morfosintáctica entre uno y otro, hemos de decir que no siempre había estado clara. Se pensaba que el posesivo también podía funcionar como sustantivo, poniéndose como ejemplos los casos en que aparecía con el artículo («el mío»), sin sustantivo.

S. Fernández [32], Roca Pons [33] y A. Alonso y H. Ureña [34] cerraron el asunto señalando la distinción entre la función de sustantivo del personal y la función de adjetivo del posesivo (con posibilidad de sustantivarse con el artículo).

La lengua dispone de dos mecanismos para expresar la adscripción de una idea a otra:

1. *Léxico.*—Creando adjetivos de lengua donde el contenido semántico no se toma en sí mismo, sino referido a otro. Así ocurre con *bonito, hermoso,* etc., que se ven como cualidades que se tienen que decir de algo o alguien.

2. *Gramatical.*—Utilizando diferentes procedimientos discursivos para hacer que un elemento ya categorizado funcione como adjetivo. Es la traslación. Los traslativos de función sustantiva a adjetiva son:

a) *De,* por el que un sustantivo de lengua o discurso se ve adscrito a otro sustantivo.

b) *Que,* por el que una oración funciona como adjetivo.

Los deícticos no rechazan la división de las partes del discurso, como ya se sabe. Por tanto, para presentar un contenido deíctico, en nuestro caso, personal, como adscrito, se pueden utilizar esos mismos mecanismos:

31. R. A. E.: *Esbozo de una nueva gramática de la lengua española.* Espasa-Calpe, Madrid, 1973, pág. 428.

32. FERNÁNDEZ RAMÍREZ, S.: «Gramática española. Los sonidos, el nombre y el pronombre», *Revista de Occidente,* Madrid, 1950, pág. 227.

33. ROCA PONS, J.: *Introducción a la gramática.* Teide, Barcelona, 1970, pág. 191.

34. ALONSO, A., y HENRÍQUEZ UREÑA, P.: *Gramática española. Primero y segundo curso.* Buenos Aires, 1964, págs. 219-225 (1.er curso).

1. *Léxico.*—O mejor, a la manera léxica, creando unos adjetivos de lengua. Estos son los posesivos.

2. *Gramaticales.*—Usando *de + sustantivo* (los personales): de mí, de él, etc.

De ahí que ante las confusiones que ofrece el posesivo, especialmente, en la tercera persona[35], se opte en muchos casos por el adjetivo de discurso *de él, de ella, de ellos, de ellas.*

Cuando Marcos Marín afirma que el posesivo es retrospectivo con respecto a las personas lingüísticas no se equivoca. Su error está en igualarlas con el pronombre personal. Nótese que ejemplifica con *él* y *suyo*[36], pero parece olvidarse de las primera y segunda personas. Efectivamente, *mi-mío* no suponen la experiencia previa de *yo.* Suponen la experiencia previa de la primera persona, de la que *yo* no es más que su forma sustantiva, como *mi-mío,* su forma adjetiva. S. Fernández no tenía inconveniente en llamar al posesivo pronombre personal adjetivo.[37]

Cuando Benveniste[38] define *yo* como «el individuo que enuncia la presente instancia de discurso que contiene la instancia lingüística *yo*», está introduciendo en la definición un criterio de funcionamiento morfosintáctico: *yo* sólo puede funcionar a nivel oracional. Si tuviéramos que definir *mi-mío* en esos términos diríamos algo así como «el individuo que se relaciona con el objeto designado por el sustantivo base del SN que contiene *mi-mío*».

Su-suyo no señalan casi nunca directamente al individuo de que se trata, es decir, *ad oculos*[39]. Pero del mismo modo que *él.* Por su cariz de no persona, admite una gran cantidad de ambigüedades y requiere un antecedente: «el uso del pronombre de tercera persona supone, generalmente, una primera mención no pronominal (πρώτη γνῶσις)»[40]. Esto mismo puede aplicarse al posesivo sin necesidad de explicarlo a través de la experiencia previa de *él.* De este modo tendríamos:

35. Véase cap. 4.º.
36. *Op. cit.,* pág. 151.
37. *Op. cit.,* pág. 227.
38. Benveniste, E.: «La naturaleza de los pronombres», *Problemas de lingüística general.* Madrid, Siglo XXI, 1974, pág. 173.
39. Podrían encontrarse, tal vez, ejemplos en situaciones muy concretas, pero serían muy rebuscados y explicables perfectamente en esa situación.
40. Fernández Ramírez, S.: *Op. cit.,* pág. 207.

mi - mío	yo	
		sin πρώτη γνῶσις
tu - tuyo	tú	
su - suyo	él	con πρώτη γνῶσις

Otros hechos que hay que tener en cuenta y que apoyan esta interpretación como variantes. Son:

1. El posesivo es el elemento que aparece en la visión 2 al nominalizar la visión 1, cuando en ésta hay un personal como sujeto. Y no sólo cuando el sujeto es *yo* o *tú* [41], sino también cuando es *él*. El deíctico personal toma el camino del adjetivo para poder funcionar en el SN o el de sustantivo para hacer lo propio en el SV. Consecuencia de ello es el hecho de que el personal reciba la incidencia verbal, mientras que el posesivo la ofrece al sustantivo:

$$\text{Personal} \longleftarrow V$$
$$\text{Posesivo} \longrightarrow S$$

Esto, además, explica las diferencias que Alarcos señala entre uno y otro: «En los personales, la "persona" es una significación morfológica; en los posesivos es una significación léxica que no depende de sus relaciones sintagmáticas en la secuencia». [42]

En el SN los elementos de concordancia son el género y el número. La persona no es pertinente, por eso, su indicación necesita tomar el vehículo del adjetivo (o del traslativo *de*). En el SN lo deíctico personal sólo funciona como tal.

En el SV los elementos de concordancia son la persona y el número. El deíctico personal aquí no sólo significa «señalización a la persona lingüística», sino que, además, es instrumento de concordancia. Es decir, tiene una doble función deíctica y morfemática. Téngase en cuenta que el personal no es morfema de persona. Realiza esta función excepcionalmente cuando la forma verbal correspondiente no es lo suficientemente clara al respecto. Y esto no siempre, como parece desprenderse del estudio de S. Fernández. [43]

---

41. Como piensa Pottier, según cita que ya se ha hecho más arriba.
42. ALARCOS LLORACH, E.: «Los pronombres personales», *Estudios de gramática funcional*. Gredos, Madrid, 1973, págs. 147-148.
43. *Op. cit.*, págs. 218-221.

Por lo mismo, el posesivo tampoco es morfema de persona, sino deíctico que señala al sustantivo con respecto a las personas lingüísticas. Ahora bien, dado que en el SN el sustantivo no tiene morfema de persona para la idea verbal subyacente (explícita o implícita en su significado), el posesivo asume también esta función morfemática. Téngase en cuenta que muchas veces la persona ya ha sido expresada por otros medios [44], lo que no conlleva la desaparición del posesivo. Existe un claro paralelismo con el personal: en estos casos, el posesivo es enfático, es decir, «sobra» teóricamente, por lo que introduce una serie de matices en la frase, ya estudiados por otros autores. [45]

Pero quizá la prueba más clara de que ni el posesivo ni el personal son morfemas, provenga de la tercera persona, donde funciona la deíxis contextual [46]. Tanto *él* como *su-suyo* requieren una «primera mención no pronominal» [47]. Son sustitutos de elementos del texto que implican morfema de tercera persona. Ellos no introducen en el texto esta noción, sino que la presuponen porque es el vehículo que posibilita la sustitución. [48]

2. El posesivo, al igual que el personal, excluye la referencia al espacio o al tiempo. A pesar de la relación que la expresión del espacio y el tiempo tienen en la lengua con las personas lingüísticas, la expresión de éstas (posesivo, personal) no incluye las nociones de espacio y tiempo. En el personal, prototipo del deíctico personal, esto parece estar claro. En el posesivo se demuestra fácilmente en contraste con el demostrativo, expresión de la referencia espacial en el SN.

Si tomamos dos objetos (01 y 02) y dos personas reales (P1, P2) veremos que pueden darse las siguientes relaciones entre ellos:

---

44. Véase para más detalles el cap. 4.º.
45. Fernández Ramírez, S.: *Op. cit.*, pág. 233, y Alcina, J., y Blecua, J. M.: *Op. cit.*, págs. 566 y 618.
46. Para la función deíctica contextual del posesivo, véase el cap. 2.º.
47. Véase nota 38 de este mismo capítulo.
48. Para la sustitución, véase específicamente 3.2.5.
Obsérvese que para una V.1 del tipo «llueve» no hay una V.2 *«su lluvia», sencillamente porque tampoco hay posibilidad de decir *«él llueve» (o *«ello llueve»), excepto metafóricamente (posibilitándose también la V.2 correspondiente). La tercera persona de esta clase de verbos no admite el sustituto personal, por lo que en su nominalización no puede darse el posesivo.
Estos ejemplos, además, son un hecho más que manifiesta el carácter de variantes morfosintácticas del personal y el posesivo.

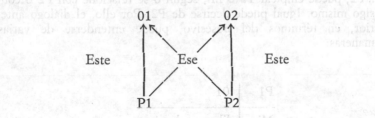

Demostrativo

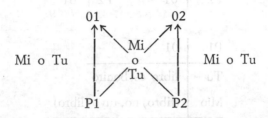

Posesivo

En el caso del demostrativo, P1, para referirse a 01 tiene que emplear forzosamente *este,* y para referirse a 02, *ese,* obligatoriamente. Lo mismo, pero con inversión de los objetos ocurre para P2. Ello hace que el diálogo:

> P1　«Ese libro es bonito»
>
> P2　«Ese no, éste»

haya que entenderlo siempre así:

P1	01		
Este	libro es bonito		
Ese	(libro) no, éste (libro)		
P2	01	P2	02

En el caso del posesivo, P1, tanto para referirse a 01 como a 02, puede emplear *Tu* o *Mi,* según 0 se relacione con P2 o consigo mismo. Igual puede decirse de P2. Por ello, el diálogo anterior, en términos del posesivo, puede entenderse de varias maneras:

P1	01
Mi	libro es bonito
Tuyo	(libro) no, mío (libro)
P2	01 P2 | 01

P1	01
Tu	libro es bonito
Mío	(libro) no, tuyo (libro)
P2	01 P2 | 01

P1	02
Mi	libro es bonito
Tuyo	(libro) no, mío (libro)
P2	02 P2 | 02

P1	02
Tu	libro es bonito
Mío	(libro) no, tuyo (libro)
P2	02 P2 | 02

Se puede argumentar que la dialéctica personal supone una posición de un elemento con respecto al otro:

$$(mi - mío \; / \; tu - tuyo) \; / \; su - suyo$$

Pero es una posición o situación relativa en el sistema personal, y no una localización en un lugar concreto.

Por tanto, el posesivo es un deíctico personal que por su condición excluye la consideración espacial. [49].

---

(49) No nos referimos a la temporal y nocional, porque no existen en el SN unidades específicas para tales funciones.

Se puede argumentar que la dialéctica personal supone una posición de un elemento con respecto al otro:

(mí) mío / tu (tuyo) / su suyo

Pero es una posición o situación relativa en el sistema perso-nal, y no una localización en un lugar concreto.
Por tanto, el posesivo es un deíctico personal, que por su condición excluye la consideración espacial.

(43) No es tal cosa... la temporal ... importante, porque no existen en el SN unidades específicas para tales funciones.

2. EL POSESIVO Y EL ENTORNO AL QUE SEÑALA

Según el tipo de entorno al que señala el elemento deíctico, la deíxis puede ser mostrativa, contextual o evocadora. Siguiendo el trabajo de Pedro Carbonero, definiremos la deíxis mostrativa como «una señalización en el espacio perceptivo, hacia la situación extralingüística»[1]. En cuanto a la deíxis contextual, «supone una indicación en el conjunto del discurso, hacia el contexto lingüístico (lo que se ha dicho o se va a decir en el acto del habla)»[2]. La deíxis evocadora funciona «relacionando los dos planos anteriores, el situacional y el contextual».[3]

El posesivo puede ofrecer un funcionamiento deíctico de cualquiera de estos tipos.

Ya señalamos que el posesivo de 3.ª persona requiere, por su calidad de no persona, una «primera mención no pronominal»[4] y que sólo en raros casos puede referirse a la situación[5]:

mi-mío, tu-tuyo, (su-suyo, de Vd.) nuestro, vuestro	su-suyo
deíxis mostrativa	deíxis contextual

---

1. CARBONERO CANO, P.: *Deíxis espacial...*, *op. cit.*, pág. 22.
2. *Ibídem.*
3. *Ibídem.*
4. FERNÁNDEZ RAMÍREZ, S.: *Op. cit.*, pág. 207.
5. Véase nota 37 del cap. 1.

Ejemplos:

Deíxis mostrativa

> «Leyendo un claro día
> *Mis* bien amados versos,
> He visto en el profundo
> Espejo de *mis* sueños (...)» (A. M., 61)

«EL PADRE.—(Se levanta y se inclina) Señora...
LA MADRE.—(Se inclina, burlona) Caballero...
EL PADRE.—(Sírvase considerarse) como en *su* propia casa» (B. V., 21).

«VICENTE.—(...) Esto ¿qué es?
ENCARNA.—Pruebas para *tu* hermano» (B. V., 15).

«(Román habla de su familia a Andrea) Por lo demás, no te forjes novelas: ni *nuestras* discusiones ni *nuestros* gritos tienen causa, ni conducen a un fin (...)» (C. L., 38).

Deíxis contextual

Anafórica

«El señor Ramón anda por los cincuenta o cincuenta y dos años y es un hombre fornido (...). *Su* biografía es una biografía de cinco líneas» (C. J. C., 73).

«Es que pasan el hecho o la idea recortados, sin quebrar *su* cáscara y derramar *sus* entrañas en el espíritu del que los recibe (...)» (U., 68-69).

Catafórica

«(En Orihuela, *su* pueblo y el mío, se me ha muerto como el rayo Ramón Sijé, con quien tanto quería)» (M. H., 81).

«En la calle de Santa Engracia (...) tiene *su* casa doña Celia Vecino, viuda de Cortés» (C. J. C., 155).

Las primera y segunda personas suponen siempre una señalización a la situación. La tercera, siempre una previa aparición textual. *Su-suyo* se refieren a un sustantivo del texto anterior o posterior (anafórico o catafórico), al que relacionan con el sustantivo sobre el que inciden morfosintácticamente:

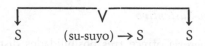

$$S \qquad (\text{su-suyo}) \rightarrow S \qquad S$$

Ahora bien, esta referencia no es libre. Existen unos condicionamientos combinatorios. Son los que vamos a tratar a continuación.

Pero antes vamos a referirnos a la deíxis evocadora. De los tres casos que se señalan como posibilidades para este tipo de deíxis (traer a presencia lo ausente, llevar lo presente a la ausencia y relacionar lo ausente con lo presente dejando cada mostración en su lugar), hemos observado al menos el primero en diálogos donde la segunda persona no está presente sino traída ficticiamente a la presencia:

> «Si era toda en *tu* verso la armonía del mundo
> ¿Dónde fuiste, Darío, la armonía a buscar?» (A. M., 176).

> «*Tus* versos me han llegado a este rincón manchego»
> (Poema «A Narciso Alonso Cortés, poeta de Castilla»,
> A. M., 177).

2.1. COMBINATORIA

El posesivo, como elemento de la esfera nominal, se combina con el sustantivo básicamente:

Posesivo-Sustantivo (P-S)

No obstante, existen ejemplos, especialmente del habla popular, donde se combina con el adverbio:

Posesivo-Adverbio (P-A)

Ahora bien, esta última posibilidad se reduce a un tipo de adverbios muy concretos, que, por otro lado, se encuentran en una muy estrecha relación con el sustantivo.[6]

---

6. Para más detalle, véase el cap. 4.

2.1.1. *Posesivo-Sustantivo*

Esta combinatoria ofrece tres posibilidades distribucionales:

P + S (Antepuesto)
S + P (Pospuesto)
S + V + P o V + (S) + P (Adverbal)

Aquí no vamos a estudiar la relación de estas tres diferentes distribuciones, lo que dejaremos para otro apartado [7], sino cómo esa distribución puede influir en la combinatoria.

Otros factores que actúan como condicionantes de la combinatoria son:

— La caracterización de S como sustantivo de lengua (S(1)) o sustantivo de discurso (S(h)).
— La caracterización subcategorial de S (S(x)).
— La referencia de P, que puede ser:
    a) *A la situación* (P(p)).
    b) *Al contexto* (P(s)). Este elemento se refiere a un sustantivo del texto anterior o posterior que se caracterizará exactamente igual que S. Habrá entonces P(1), P(h) y P(x) (= P(s)). [8]
— El tipo de sustituto.

En cuanto al punto primero, no vamos a entrar a discutir la cuestión por ser algo suficientemente claro. Nos limitamos a seguir a V. Lamíquiz [9], que señala cuatro clases de S(h):

1. Un sustantivo de lengua.
2. Un verbo de lengua (infinitivo).
3. Un adjetivo de lengua.
4. Una oración.

La cuestión de la subcategorización es mucho más problemática. Parece no haber acuerdo entre los diferentes autores que tratan el tema. Nosotros hemos decidido elegir la clasificación de rasgos subcategoriales más adecuada posible al comporta-

---

7. Véase 3.2.4.
8. Las variables se especificarán más adelante.
9. LAMÍQUEZ, V.: *Lingüística...*, *op. cit.*, págs. 278-279.

miento del posesivo, teniendo en cuenta que fuera exhaustiva y simple a la vez. Para evitar la desviación del tema principal que, sin duda, la explicación del cómo y por qué de esta clasificación y no otra traería, remitimos a la nota [10] del presente capítulo, donde aclararemos el proceso seguido en su elaboración. Aquí nos limitamos sólo a exponerla.

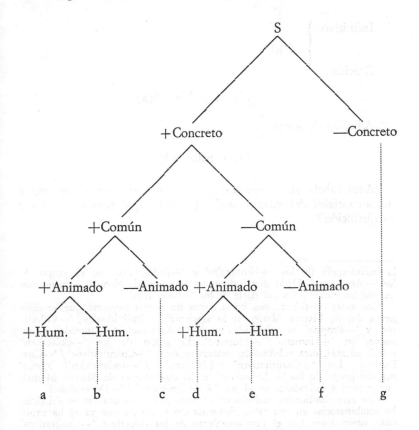

10. Al principio, se tomó la clasificación ofrecida por Chomsky en *Aspectos...*, pág. 80 (véase Bibliografía), pero de la contrastación con los datos que se iban a estudiar surgió la necesidad de una mayor exhaustividad. Esto nos inclinó hacia la clasificación que Marcos Marín establece en *Aproximación a la gramática*, pág. 120. No obstante, ésta mostraba algunas faltas considerables desde el punto de vista de la materia a que íbamos a aplicarla: a '+Individuales', '—Colectivos', y '—Propios', les faltaba la escisión entre '+Animado' y '—Animado'. Además, no parece muy clara

Las letras son arbitrarias y siguen un criterio de comodidad. Así hablaremos de S(a) al referirnos a un sustantivo, '+Concreto', '+Común', '+Animado', '+Humano'; o de un P(a) al referirnos a un posesivo que remite a un sustantivo, '+Concreto', etc.

Los S(h) quedarían subcategorizados del siguiente modo:

Infinitivo ⎫
          ⎬ S(g)
Oración   ⎭

          El, la + Adj.: S(x) [11]
                       ╱
Adjetivo de lengua
                       ╲
          Lo + Adj.: S(g).

Aquí cabría una pregunta: ¿si S(h) se caracteriza con rasgos subcategoriales del mismo modo que S(1), qué pertinencia tiene su distinción?

---

la introducción de los '+Numerales' e '—Indefinidos' en el grupo de los '—Abstractos'. Dado que indican un conjunto de elementos, pensamos que debían entrar a formar parte de los '—Colectivos'.

Con estas consideraciones construimos un nuevo esquema que se diferencia del de Marcos Marín en lo siguiente: '+Individuales', '—Colectivos' y '—Propios' se subdividieron en '+Animado' / '—Animado' y, de nuevo, en '+Humano' / '—Humano'. El grupo de los '—Colectivos' sufrió, además, otra subdivisión anterior a ésta: '+Cuantitativos' / '—Cualitativos'. Los '+Cuantitativos' ('+Numerales' / '—Indefinidos') provienen del grupo de los '—Abstractos' (en la clasificación de Marcos Marín), que quedan subdivididos en el par '+De fenómeno' / '—De cualidad'.

Con esta clasificación trabajamos en principio. Pero una vez establecidas las combinatorias en una tabla elaborada del modo en que ya se ha explicado, observamos que el funcionamiento de los colectivos '—Cualitativos' era similar al de los '+Individuales', que los '—Colectivos' '+Cuantitativos' son como cuantificadores del S que incide sobre ellos a través del nexo y, por tanto, es este S el que tiene relevancia en la combinatoria; que los S de '—Materia' funcionan como los '+Individuales' '—Animados', y que los '—Abstractos' se comportan igualmente sean de la clase que sean. Todo ello, que quedará explicado más extensamente en sus lugares correspondientes, nos llevó al establecimiento del esquema definitivo que figura en el cuerpo del trabajo.

11. Quedará caracterizado por contexto.

Efectivamente, la distinción no es pertinente cuando S(h) es antecedente de P. Pero sí la tiene cuando es base del SN del que forma parte P.

Por último, para los sustitutos seguimos a V. Lamíquiz [12]:

$$
\text{Sustitutos}
\begin{cases}
\text{Personales (SP)} \\
\text{Demostrativos (SD)} \\
\text{Indefinidos (SI)} \\
\text{Relativos (SR)} \\
\text{Interrogativos (SIn)}
\end{cases}
$$

A continuación, pasamos a analizar todo ello para cada una de las distribuciones posibles de P, siguiendo este orden:

1. Incidencia de la subcategorización en la doble referencia de P.
2. Incidencia de la caracterización como S(h).
3. Los sustitutos.

Para lo primero construiremos una tabla en cuya parte superior se indicarán los S(x), y como entrada estarán los P(x). Se marcarán con 1p las combinatorias posibles, con 1 las posibles y realizadas, y con 0 las no posibles, según el funcionamiento de los rasgos de subcategorización.

Para lo segundo y tercero también estableceremos una tabla en cuya parte superior constarán los tipos de S(h) o de sustitutos, respectivamente. Como entrada estará cada una de las tres posibilidades distribucionales del posesivo.

---

12. *Op. cit.*, págs. 351 a 360.

$P + S$

TABLA I [13]

	S(a)	S(b)	S(c)	S(d)	S(e)	S(f)	S(g)
P(a)	1	1	1	1p	1p	1	1
P(b)	1	1	1	0	1p	1p	1
P(c)	1	1p	1	0	0	1	1
P(d)	1	1	1	1	1p	1	1
P(e)	1	1	1	0	1p	1p	1
P(f)	1	1p	1	0	0	1p	1
P(g)	0	0	0	0	0	0	1
P(p)	1	1	1	1	1	1	1

P(a) - S(a): «(la mujer) su hijo» (P. B., 16).
P(a) - S(b): (el hombre) sus dos perros» (A., 26).
P(a) - S(c): «(la abuela) su brazo» (C. L., 15).
　　　　　　«(la buscona) su cubil» (P. B., 8).
P(a) - S(f): «(la diosa) su Eleusis» (A. M., 181).
P(a) - S(g): «(los hombres) su dolor» (B. O., 149).
P(b) - S(a): «(el loro) su dueña» (C. J. C., 161).
P(b) - S(b): «(los animales) sus cachorros» (C. L., 179).
P(b) - S(c): «(el reptil) su cola verde» (M. H., 30).
　　　　　　«(la golondrina) su negro rincón del tejado»
　　　　　　　　　　　　　　　　　　　　　　　　(A. M., 67).
P(b) - S(g): «(el reptil) su silbido» (M. H., 30).
P(c) - S(a): «(el cuarto) sus ocupantes» (B. V., 17).
P(c) - S(c): «(la escena) su pared derecha» (B. V., 7).

---

13. Los ejemplos sin referencias son de nuestra confección. 1p no tiene ejemplo ilustrativo.

P(c) - S(f): «(la fuente) su desnudo y alado Amor» (A. M., 41).
P(c) - S(g): (los versos) su imprecisión» (C. J. C., 263).
P(d) - S(a): «(Vicente) su familia» (B. V., 87).
P(d) - S(b): «(Leda) su rebaño» (M. H., 31).
P(d) - S(c): «(Alvargonzález) sus tierras y ganados» (A. M., 100).
                «(Spinoza) su alma» (U., 9).
P(d) - S(d): «(Agustín) su Esperanza» (C. J. C., 164).
P(d) - S(f): «(S. Agustín) su 'Enchiridium ad Laurentium'
                                      (B. O., 144).
P(d) - S(g): «(Alonso Quijano) su bondad» (U., 51).
P(e) - S(a): «(Trueno) su amo» (C. L., 210).
P(e) - S(b): «(Fido) sus crías».
P(e) - S(c): «(Fido) su caseta».
P(e) - S(g): «(Fido) sus aullidos».
P(f) - S(a): «(Madrid) sus habitantes»
P(f) - S(c): «(Madrid) su caserío» (P. B., 196).
P(f) - S(g): «(Castilla) su variedad» (U., 44).
P(g) - S(g): «(el movimiento) su causa» (A. M., 228).
P(p) - S(a): «mi familia» (P. B., 50).
P(p) - S(b): «mi abejar» (A. M., 101).
P(p) - S(c): «mi equipaje» (C. L., 11).
P(p) - S(d): «nuestro Cervantes» (U., 25).
                «mi Paquita» (C. J. C., 229).
P(p) - S(e): «mi Fido».
P(p) - S(f): «mi Andalucía» (A. M., 135).
P(p) - S(g): «tu vida» (B. O., 19).

Consideramos posible cualquier combinatoria que respete las reglas de funcionamiento de los rasgos subcategoriales. Vamos a estudiar estas reglas dentro de cada uno de los grupos que pueden verse en la clasificación del sustantivo ofrecida más arriba, y en la relación de estos grupos entre sí. Así, analizaremos el grupo '+Común', luego el '—Común' y su relación, es decir, el grupo '+Concreto'. A continuación se estudiará el grupo '—Concreto' y su relación con el '+Concreto'.

1. *Grupo '+Común'*

Lo primero que se observa en este grupo es la existencia de una jerarquía dentro del rasgo de animación del modo siguiente:

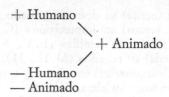

Lo animado «domina» a lo no animado, y lo humano a lo no humano. Traducido a las relaciones P + S, esto quiere decir que un S(c) puede llevar un P(a) o un P(b), pero no al revés; que un S(b) puede llevar un P(a), pero no al revés; y que un S(a) no puede llevar ningún P '+Común'. Por tanto, en principio, sólo serían posibles las combinaciones:

$$P(a) \longrightarrow S(b)$$
$$P(a) \longrightarrow S(c)$$
$$P(b) \longrightarrow S(c)$$

que deben coincidir con la dirección de dominio del posesivo, a saber, P $\longrightarrow$ S [14]. Si no es así se imposibilita la combinatoria.

Pero existe un tipo de S, los de parentesco y afines [15] que conllevan en su significado una dirección de dominio, según el tipo de parentesco que expresen. Pueden reforzar, neutralizar o invertir la dirección de dominio del posesivo. De esta manera, se posibilitan secuencias del tipo:

$$P(b) \longrightarrow S(a)$$
$$P(c) \longrightarrow S(a)$$

para S(a) con dirección de dominio invertida [16]. No es posible hallar casos (a no ser del lenguaje literario, como veremos) donde, siendo P(x) de rango jerárquico inferior, se neutralice o refuerce la dirección de dominio del posesivo.

---

14. Véase en 1.1 la explicación de la cuarta sintaxía.
15. Aparte de los señalados por E. Mª. Wolf, incluimos en este grupo determinados sustantivos verbales con rasgo '+Animado', '+Humano': *guardián, lector,* etc. Véase grupo '—Concreto'.
16. No consideramos directamente la posibilidad P(c) - S(b) porque no es frecuente hallar un S de dirección de dominio inversa aplicado a

Esto en cuanto a la relación entre P y S caracterizados de diferente modo. Pero también son posibles las relaciones:

$$P(a) \text{——} S(a)$$
$$P(b) \text{——} S(b)$$
$$P(c) \text{——} S(c)$$

Para P(a) y S(a) tiene que cumplirse siempre S '+ Parentesco'. Su rasgo de dominio puede neutralizar, reforzar o invertir la dirección de dominio del posesivo:

«Su hermano»
«Su hijo»
«Su padre».

Esto, si bien puede ser redundante en este grupo, en el grupo '—Común' no lo es, según veremos.

Llegados a este punto es necesaria una aclaración. Un S puede no ser en lengua de parentesco, pero adquirir ese rasgo en el discurso. Ello ocurre, por ejemplo, con los S, *hombre, mujer* y *niño,* que cuando se emplean sin ese rasgo no pueden llevar un posesivo. Pero en determinados contextos, *hombre* llega a significar «marido», «amante» o un tipo de relación parecido a éste; *mujer,* «esposa» y *niño,* «hijo». Ello posibilita estos ejemplos:

«Su hombre»   (A. M., 165) [17]
«Mi niño»
«Mi mujer».

Para P(b) y S(b) se cumplen las mismas relaciones que para los anteriores. Se puede hablar y de hecho se habla del «padre» de un perro, de «su hermano» o de «su hijo». También hay S de

---

un S(b). Quizás fuera posible encontrar algún caso como «guardián» aplicado a un «perro», pero aún así no es normal un ejemplo como:

«(La casa) su guardián».

De cualquier modo, ante la posibilidad y dado que no se viola ninguna de las reglas, queda marcado en la tabla como 1p.

17. Es posible hallar también otros casos de «hombre» significando otros tipos de parentesco. Por ejemplo, *mis hombres,* equivalentes a *mis soldados* o parecido (partición).

parentesco específicos para animales, como «crías». Y, al igual que para los S(a), se pueden hallar empleos de S que en lengua no son de parentesco, pero que en el texto funcionan como tales:

> «Sus polluelos»
> «Sus gatitos».

Es mucho más difícil hallar S de parentesco entre elementos no animados. No nos referimos sólo a los S(c) sino a los S(f) y S(g) también. Así se puede hablar de que dos cosas o dos ciudades son «hermanas». Incluso casos mixtos:

P(a) —— S(g):　«tu peor enemiga (la rectitud)» (B. V., 50).
P(a) —— S(c):　«mi amigo (el limón)» (M. H., 30).
P(a) —— S(c):　«sus únicos amigos (los árboles)» (A., 25).

Esto es posible por dos razones:
1. Por animación o personificación del elemento en cuestión.
2. A través de la violación de unos rasgos que caracterizan al S y que son más o menos superficiales. Pensamos que todo término de parentesco puede definirse por la sucesión de tres rasgos que vamos a consignar en orden jerárquico de mayor a menor:

— Relación entre dos objetos (en general) cualesquiera.
— Objetos animados.
— Objetos humanos.

En el empleo se pueden eliminar los rasgos tercero y segundo, pero nunca el primero. Puede ocurrir que un término se manifieste con la secuencia completa o con parte de ella solamente.

Todo esto es lo que permite estas aparentes licencias combinatorias de P + S.

Para P(c) —— S(c) lo normal es una relación del tipo *todo-parte*. P(c) suele designar un objeto y S(c) una parte del mismo. P(c) y S(c) siempre se refieren, por tanto, a objetos dependientes en la relación *todo-parte*. P(a) y P(b), en cambio, pueden relacionarse con S que designen un objeto independiente del designado por el S antecedente de P, o con S que designen un objeto dependiente, en la relación *todo - parte,* del objeto designado por el S antecedente de P:

Dependientes	*No dependientes*
P(c) —— S(c)	P(a) —— S(a)
P(a) —— S(c)	P(a) —— S(b)
P(b) —— S(c)	P(a) —— S(c)
	P(b) —— S(a)
	P(b) —— S(b)
	P(c) —— S(a)

La dependencia o no de los objetos es redundante para P(a) y P(b), pero pertinente para P(c) que rechaza todo S(c) que no sea o no se vea como parte del todo expresado en P(c).

2. *Grupo '—Común'*

Se comportan exactamente igual que los '+Común' con la diferencia de que no denotan parentesco, es decir, no tienen dirección de dominio en su significado, lo que excluye, en principio, cualquier ejemplo que vaya en contra de la regla de jerarquía:

$$P(e) \text{ —— } S(d)$$
$$P(f) \text{ —— } S(d)$$
$$P(f) \text{ —— } S(e)$$

Por lo mismo, es difícil hallar ejemplos del tipo:

$$P(d) \text{ —— } S(d)$$
$$P(e) \text{ —— } S(e)$$

No obstante, hemos observado que si S(d) es el nombre de una persona que, desde el punto de vista del parentesco, es jerárquicamente igual o inferior a la persona a que se refiere P(d), se hace posible tal combinatoria:

«(Agustín) Su Esperanza»   (C. J. C., 164)
«(Pedro) Su Juanito»

donde *Esperanza* y *Juanito* son novia e hijo respectivamente.

No es posible, en cambio, una secuencia de este tipo referida a P(d) (hijo) —— S(d) (padre). La explicación de la asunción por contexto del rasgo en cuestión no es plausible, por la razón de que excluye los casos de superioridad.

Creemos que lo que sucede es una coincidencia entre la dirección de dominio propia de P + S y la relación existente entre las personas:

$$P \longrightarrow S \qquad \text{Padre} \longrightarrow \text{Hijo}$$
$$P(d) \text{——} S(d) \qquad (\text{Pedro}) \text{ Su ——— Juanito.}^{[18]}$$

Cuando esto no ocurre, es decir, cuando la dirección de dominio del posesivo y del S '—Común' no coinciden, se imposibilita la combinatoria.

A P(d) y S(e) se les puede aplicar esto mismo, aunque con reservas. No hemos hallado un solo ejemplo para el caso, pero consideramos su posibilidad en vista de que no contradice nada de lo expuesto hasta aquí. El mismo razonamiento sirve para P(e) —— S(f).

P(f) —— S(f) funciona, al igual que P(c) —— S(c), por la relación *todo - parte,* como se ve en el ejemplo correspondiente.

Por último, resta decir que los S '—Común' son bastante reacios a la recepción del posesivo [19].

3. *Grupo '+Concreto'*

Las relaciones P '+Común' —— S '—Común' y P '—Común' —— S '+Común' son un calco de P '—Común' —— S '—Común' y P '+Común' —— S '+Común', respectivamente, como puede verse en la tabla adjunta, lo que manifiesta claramente el hecho de la mayor relevancia de S (base del SN) en la combinatoria.

---

18. A pesar de haber señalado tres posibilidades en los S de parentesco (reforzar, invertir o neutralizar la dirección de dominio del posesivo), lo cierto es que la neutralización nunca se da totalmente o, al menos, no funciona como tercer elemento. Se asimila a los de refuerzo. El sistema parece observar sólo la oposición *inversión/no inversión*.

19. La causa se explicará más adelante (3.2.3.).

Los colectivos

La clasificación del sustantivo previa a la definitiva incluía en el grupo '+Común' una división entre '+Individuales' y '—Colectivos'[20], que fue suprimida dada su escasa aportación. Creemos necesario aclarar, no obstante, algunos puntos.

Recordemos que los *colectivos* los dividíamos así:

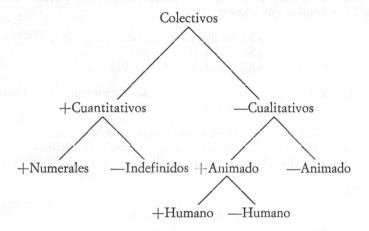

Los '+Cuantitativos' se eliminaron por la razón de que los sintagmas de que son base funcionan a modo de cuantificadores del sustantivo que se les une por medio del nexo:

«Un montón de ovejas»

Ese sustantivo a veces no aparece explícito porque el '—Colectivo' '+Cuantitativo' funciona con un cierto valor anafórico:

«Cogió su pedazo (del pan de que antes se ha hablado).»

De este modo, lo que en realidad tiene efecto en la combinatoria no es el núcleo del SN principal, sino el que se encuentra subordinado, explícito o elidido.

---

20. Véase la nota 10 de este mismo capítulo.

En cuanto a los '—Cualitativos', funcionan igual que los '+Individuales', aunque presentan algunas características dignas de precisar, especialmente en el grupo de los '+Animado', '+Humano'. Se suelen considerar como colectivos de este tipo a sustantivos como *ciudad, pueblo* y afines, que se clasificarían junto con otros como *familia, grupo, casta,* etc. En realidad, hay una diferencia de funcionamiento. Los de este segundo tipo se comportan como S(a) con rasgo de parentesco, como puede verse en los ejemplos que siguen:

«Su familia» (C. L., 62)
«Su prole» (C. L., 120)
«Mi auditorio» C. L., 91)

Los del primer tipo fluctúan en su funcionamiento. Unas veces se acercan a los S(c), como se ve en:

«Mi pueblo» (como «mi casa») (B. V., 16)
«(pueblo) su campanario» —como «(casa) su pared»—
«(la ciudad) sus arrabales» (Idem) (C. L., 138)

y en:

«(ciudad) sus habitantes»

donde, al igual que los P(c), requiere un S(a) con dirección de dominio.

Otras veces se acercan a los S(a):

«(la ciudad) sus ejércitos»
«(pueblos) sus defectos» (U., 30).

Relacionados con éstos se encuentran los *topónimos,* que, unas veces, parecen '—Animado':

«(Madrid) sus tejados» (P. B., 210)
«(Madrid) sus habitantes»

y, otras veces, '+Animado', '+Humano':

«(Francia y Alemania) sus ciencias» (U., 20)

De todos modos, cualquiera de esas posibilidades está prevista en S(a) y S(c), por lo que se justifica suficientemente, creemos, la exclusión de los colectivos en la tabla.

4. *Grupo '—Concreto'*

Los sustantivos de esta clase se caracterizan por ser verbales o adjetivos, es decir, se relacionan con un verbo o un adjetivo, y su construcción con el posesivo, desde el punto de vista de la estructura profunda, constituye una oración donde el sustantivo es la base predicativa o atributiva y el posesivo, el sujeto, como ya se vio en otro lugar [21]. Lo que más nos interesa de ellos es su naturaleza verbal o adjetiva porque condicionará la combinatoria.

Si nos volvemos a la tabla, observaremos que para cualquier P(x) hay un S(g). En cambio, para P(g) sólo hay S(g). El sema de acción o cualidad que estos sustantivos llevan inherente impone la lógica sintáctica por la que el verbo y el adjetivo inciden sobre el sustantivo, pero no al revés. Por ello, para cualquier S '+Concreto' puede hallarse un S '—Concreto', siendo imposible lo contrario:

$$S \text{ '+Concreto} \longleftarrow S \text{ '—Concreto'}$$

No separamos en la tabla los S(g) adjetivales de los verbales porque no se diferencian en su comportamiento.

Hay un tipo de S verbal que lleva implícito los rasgos de '+Animado', '+Humano': *compositor, lector, autor,* etc., y su funcionamiento es equivalente a S(a) de parentesco, ya que llevan una dirección de dominio. Por ello, se han considerado como S(a):

«(autobiografías) su autor»   (U.,14).
«(la carta) su receptor».

Hasta aquí hemos visto las posibilidades combinatorias de P + S de acuerdo con los rasgos de subcategorización de S. Ahora, examinaremos la incidencia de la caracterización de S como S(h) o (S(1).

Cuando los dos S, el antecedente y el núcleo del SN del que forma parte P, son S(1) o el primero es S(h), la combinatoria se rige por los rasgos de subcategorización. Pero si el núcleo del SN lo constituye un S(h) las cosas son diferentes.

Sólo admiten P antepuesto los S(h) del tipo *infinitivo:*

«(el padre) su recortar»   (B. V., 53)
«Mi rezar»   (A. M., 37).

---

21.   Véase capítulo 1.

Es un empleo bastante común. Pero los demás tipos de S(h), a saber, *Art.* + *Adj.* y *Que* + *Oración,* no lo admiten. [22]

	Art. + Adj	Infinitivo	Que + 0.
P + S	0	1	0

Los sustitutos tampoco admiten el posesivo antepuesto.

$$S + P$$

TABLA II

	S(a)	S(b)	S(c)	S(d)	S(e)	S(f)	S(g)
P(a)	1	1	1	0	0	1	1
P(b)	1	1	1	0	0	0	1
P(c)	1	0	1p	0	0	0	1
P(d)	1	1	1	0	0	1	1
P(e)	1	1	1p	0	0	0	1
P(f)	1	0	1p	0	0	0	0
P(g)	0	0	0	0	0	0	0
P(p)	1	1	1	1	1p	1	1

P(a) - S(a): «(el hombre) a un hermano suyo que se llamaba Paco
             lo habían devuelto del cuartel...» (C. J. C., 175).
P(a) - S(b): «(ese hombre) Ha vendido un caballo suyo».

---

22. Se excluyen los enunciados metalingüísticos, donde cualquier parte del discurso puede llevar P antepuesto: *mi* «*que no venga*», *su* «*sí*», *tu* «*aquí*», etc.

P(a) - S(c):   «(el hombre) Me trajiste un mensaje suyo».
P(a) - S(f):   «(nuestro autor) Aquellas 'Historias para no dormir' suyas».
P(a) - S(g):   «(el vigilante) Se debe a un descuido suyo».
P(b) - S(a):   «(el perro) Juan es propietario suyo».
P(b) - S(b):   «(el perro) Tengo una cría suya».
P(b) - S(c):   «(...) un loro que rumiaba cosas suyas» (C. L., 24).
P(b) - S(g):   «Sabes que un picotazo suyo duele mucho».
P(c) - S(a):   «(la casa) Juan es propietario suyo».
P(c) - S(g):   «(la pastilla) El mareo es efecto suyo».
P(d) - S(a):   «El *Mariané* contó que había estado con un primo suyo» (P. B., 209).
P(d) - S(b):   «(Juan) Me mordió un perro suyo».
P(d) - S(c):   «(Román) No recibí ni una línea suya en contestación» (C. L., 234).
P(d) - S(f):   «(Chicho) Aquellas 'Historias para no dormir' suyas».
P(d) - S(g):   «(...) (Ena) esta alegría suya (...)» (C. L., 70).
P(e) - S(a):   «(Fido) Juan es propietario suyo».
P(e) - S(b):   «(Boby) ese perrito es hijo suyo».
P(e) - S(g):   «(Fido) un ladrido suyo».
P(f) - S(a):   «(Moulin Rouge) Juan es propietario suyo».
P(g) - S(g):   «Se suele presentar la abstracción como algo previo a la generalización, cuando es efecto suyo» (U., 62).
P(p) - S(a):   «Este marido mío es muy bueno, (...)» (C.J.C., 135).
P(p) - S(b):   «Este perro mío no sirve para nada».
P(p) - S(c):   «(...) te recuerdo en esa tierra tuya (...)»
                                                    (M. H., 113).
P(p) - S(d):   «¡Dios mío!».
P(p) - S(f):   «Aquellas 'Historias para no dormir' tuyas».
P(p) - S(g):   «Perdonad esta inmodestia mía» (A., 141).

Lo primero digno de anotar en lo que se refiere al posesivo pospuesto, es la escasez de ejemplos frente a la abundancia de los de P + S:

$$P + S = 6.567$$
$$S + P = 320$$

Y dentro del número de S + P, sólo hemos hallado tres ejemplos no referidos a S '+Animado', '+Humano', uno de los cuales se refiere a S '+Animado':

«Usate en contra suya (del polvo)» (M. H., 95).
«Se suele presentar la abstracción como algo previo a la
generalización, cuando es efecto suyo» (U., 64).
«(...) un loro que rumiaba cosas suyas» (C. L., 24).

Sorprende esto tanto más cuanto los ejemplos de nuestra
confección que suplen a los no hallados en el *corpus,* son en su
mayoría «forzados», especialmente cuando la referencia de P es
'—Animado'. Frente a las amplias posibilidades referenciales de
su, suyo está bastante restringido y se usa mayormente referido
a S '+Animado', '+Humano'. Dejaremos la explicación de esto
para otro lugar. [23]

Otro rasgo que diferencia el comportamiento combinatorio
de P pospuesto con respecto a P antepuesto, es el de su relación
con los S '—Común'. P pospuesto es prácticamente imposible
junto a este tipo de S [24]. Los ejemplos encontrados pertenecen
al terreno de lo que suele denominarse sintaxis impresiva-expresiva [25]. Los únicos ejemplos en que se puede hablar de combinatoria con S '—Común', se trata de S(f). Y aún así, no
siempre es posible.

En cuanto a su combinatoria con los S(h) en las condiciones
ya indicadas para P + S, hay algunas diferencias notables con
respecto a éste:

	Art. + Adj.	Infinitivo	Que + O.
S + P	1	1	0

Ejemplos:

«El azul mío» [26]
«Aquel actuar mío» (C. L., 255)

Por último, en relación con los sustitutos obtenemos la
siguiente tabla:

---

23. Véase 3.2.4.
24. Para una explicación véase 3.2.4.
25. Véase 3.2.4.
26. La aparición del artículo ante el adjetivo, sustantivándole (véase 3.2.3), obliga la posposición del posesivo.

	SP	SD	SI	SR	SIn
P(posp.)	0	1	1	0	0

Ejemplos:

«Esto mío» [27]

«A mí empezaba a emocionarme todo aquello como si
fuera algo mío» (C. L., 204)

Los posesivos, al ser adjetivos morfosintácticamente [28], no
combinan con aquellos elementos que rechazan la combinatoria
con adjetivos dentro de su sintagma. La situación será diferente
con el posesivo en función atributiva.

SR, si bien no puede llevar P pospuesto, puede llevarlo asumido, implícito en una forma muy peculiar: *cuyo.*

$$S + V + P \quad o \quad V + (S) + P$$

TABLA III

	S(a)	S(b)	S(c)	S(d)	S(e)	S(f)	S(g)
P(a)	1	1	1	1	1	1	1
P(b)	0	0	0	0	0	0	0
P(c)	0	0	0	0	0	0	0
P(d)	1	1	1	1	1	1	1
P(e)	0	0	0	0	0	0	0
P(f)	0	0	0	0	0	0	0
P(g)	0	0	0	0	0	0	0
P(p)	1	1	1	1	1	1	1

27. No es un caso normal, pues el demostrativo difícilmente toma
como término adyacente un adjetivo de lengua.

28. Véase cap. 3.

P(a) - S(a): «Juan pensaba que aquella mujer sería suya algún día.»

P(a) - S(b): «(el hombre) Este perro es suyo.»

P(a) - S(c):

P(a) - S(d): «Mi tío tenía razón al decir que Juan era suyo.»

P(a) - S(e): «Si no lo impedimos, Alazán será suyo.»

P(a) - S(f): «Ese tipo no tiene cara de que "Moulin Rouge" sea suyo.»

P(a) - S(g): «(...) (el que aguarda) la victoria es suya»
(A. M., 164).

P(d) - S(a): «(Pedro) El hijo de Juan podía haber sido suyo.»

P(d) - S(b): «(Juan) Este perro es suyo.»

P(d) - S(c): «(...) (Román) creyendo que el mundo había de ser suyo» (C. L., 232).

P(d) - S(d): «Román tenía razón al decir que Juan era suyo»
(C. L., 281).

P(d) - S(e): «(Román) Me explicó que se llamaba *Trueno* y que era suyo» (C. L., 28).

P(d) - S(f): «(Mairena) Sus *Coplas mecánicas* no eran realmente suyas» (A. M., 261).

P(d) - S(g): «(...) (Manuel) no era suya la culpa» (P. B., 55).

P(p) - S(a): «Ese niño debió ser mío.»

P(p) - S(b): «El gato es mío» (C. J. C., 275).

P(p) - S(c): «(...) son mías las lágrimas que vierto» (A. M., 43).

P(p) - S(d): «Pienso que con una palabra lo podría calmar, apaciguar, hacerle mío, (a Juan) (...)» (C. L., 91).

P(p) - S(e): «Fido es mío.»

P(p) - S(f): «"Moulin Rouge" será tuyo algún día.»

P(p) - S(g): «Hoy volvemos a hacerla (la pregunta) nuestra»
(B. V., 83).

Si para S + P señalábamos una fuerte tendencia a caracterizarse con el rasgo de '+Humano', ahora tenemos que decir que para P adverbal ello es un hecho. Sólo nos ha sido posible hallar casos de P adverbal referidos a S(a) o S(d) o a la situación P(p)). Este es el rasgo de P adverbal.

Junto con este hecho destaca el de su escasa concurrencia. El número de ejemplos de P adverbal que hemos hallado en el Corpus es raquítico en comparación con los de P antepuesto y P pospuesto: treinta y tres.

P adverbal introduce siempre una dirección de dominio clara: P domina sobre S, sea éste de la clase subcategorial que sea.

De ahí el fuerte rechazo de los sustantivos que llevan dirección de dominio inversa a la del posesivo.

En cuanto al S(h), ofrece las siguientes posibilidades:

	Art. + Adj.	Infinitivo	Que + O.
P(adv.)	1	1	0

Ejemplos:

«El azul es mío»
«Ese andar no es suyo»

Como puede verse, son idénticas a las del pospuesto. En cambio, en su combinatoria con sustitutos difiere notablemente de éste:

	SP	SD	SI	SR	SIn.
P(adv.)	1	1	1	1	1

Ejemplos:

«Ella no será nunca tuya»
«No son éstas menos suyas que aquellas» (A. M., 243)
«Nada es mío»
«(Trueno) que era suyo» (C. L., 28)
«¿Cuál es mío?»

2.1.2. *Posesivo-Adverbio*

El origen de este tipo de combinatoria será estudiado en otro lugar[29]. Aquí sólo vamos a ver qué restricciones sufre.

No es necesario insistir en la heterogeneidad de los elementos que se incluyen en el apartado de los adverbios. No todos los adverbios rigen posesivo.

---

29.   Véase cap. 4.

Siguiendo a V. Lamíquiz [30], los adverbios pueden ser, desde el punto de vista funcional, de tres tipos:

1. Adverbios adjetivales:
2. Adverbios aditamentos.
3. Adverbios deícticos.

Los posesivos se combinan con los adverbios deícticos. Pero no con todos. Pedro Carbonero, en su estudio sobre los adverbios deícticos [31] establece para éstos un doble sistema, espacial y temporal. El sistema espacial se estructura del siguiente modo [32]:

30. Op. cit., págs. 341-342.
31. Op. cit.
32. Idem, pág. 67.

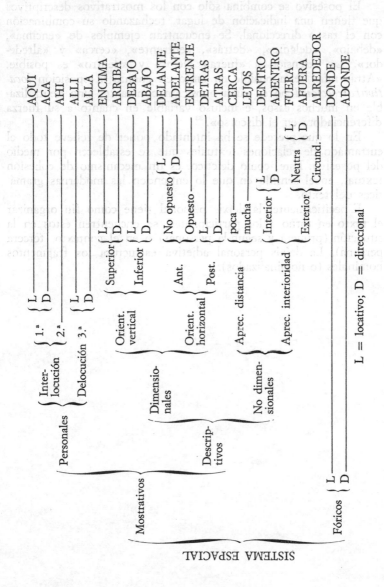

SISTEMA ESPACIAL

Mostrativos
- Personales
  - Interlocución
    - 1.ª { L / D } — AQUI / ACA
    - 2.ª { L / D } — AHI
  - Delocución 3.ª { L / D } — ALLI / ALLA
- Descriptivos
  - Dimensionales
    - Orient. vertical
      - Superior { L / D } — ENCIMA / ARRIBA
      - Inferior { L / D } — DEBAJO / ABAJO
    - Orient. horizontal
      - Ant.
        - No opuesto { L / D } — DELANTE / ADELANTE
        - Opuesto — ENFRENTE
      - Post. { L / D } — DETRAS / ATRAS
  - No dimensionales
    - Aprec. distancia
      - poca — CERCA
      - mucha — LEJOS
    - Aprec. interioridad
      - Interior { L / D } — DENTRO / ADENTRO
      - Neutra { L / D } — FUERA / AFUERA
      - Circund. — ALREDEDOR
      - Exterior

Fóricos { L / D } — DONDE / ADONDE

L = locativo; D = direccional

El posesivo se combina sólo con los mostrativos descriptivos que tienen una indicación de lugar, rechazando su combinación con el rasgo direccional. Se encuentran ejemplos de «encima», «debajo», «delante», «detrás», «enfrente», «cerca» y «alrededor». La extensión a «fuera» «lejos» y «dentro» es posible. «Atrás mía» sería posible en tanto en cuanto la oposición *locativo/direccional* no es «una oposición constante, sino neutralizable en muchos casos, e incluso variable en cuanto a su fuerza diferenciadora en el discurso».[33]

En lo que precede se ha intentado poner de relieve todo el entramado de relaciones textuales que se establecen por medio del posesivo. Este, como deíctico, es un mecanismo de cohesión textual, en el sentido en que lo entienden las modernas gramáticas del texto.

Específicamente, la deíxis personal tiene como fin organizar el texto en torno a los participantes, se encuentren éstos en la situación (primera y segunda personas) o en el contexto (tercera persona). La deíxis personal adjetiva estructura los fragmentos nominales (o nominalizados).

---

33. *Idem,* pág. 77.

3. PLASMACION MORFOSINTACTICA

3.1. FORMA

Ya hemos dicho que el posesivo señala a las personas lingüísticas en la situación o en el contexto. Esta persona puede ser singular o plural. Es el tradicional «poseedor». Pero, además, el posesivo concuerda con un sustantivo. La variación de número en relación al poseedor se denota por un cambio léxico, excepto en la 3.ª persona, donde se mantiene la misma forma para singular y plural. Con respecto al poseedor no se señala género.

En cuanto a la concordancia con el sustantivo, hay que separar las formas pospuestas de las antepuestas. Las primeras «disponen de la marca de género con la oposición "-o / -a"; y la marca de número "cero / -s"». Las antepuestas «sólo toman la marca morfológica de número "cero / -s"»[1].

La distinción entre formas apocopadas y no apocopadas sólo es válida cuando el poseedor es uno:

mi	mío
tu	tuyo
su	suyo

La tercera persona también diferencia *su-suyo* para varios poseedores.

---

(1) LAMÍQUIZ, V.: «Los posesivos del español», *OFINES*, núm. 10 (1967), pág. 8.

En esquema [2]:

REFERENCIA PERSONAL

1.ª PERSONA		2.ª PERSONA		3.ª PERSONA	
postp.	**antep.**	postp.	antep.	postp.	antep.
mío	mi	tuyo	tu	suyo	su

REFERENCIA PERSONAL

inclusión del YO	exclusión del YO	exclusión del YO
inclusión del TU	inclusión del TU	exclusión del TU
inclusión de EL	inclusión de EL	inclusión de EL
		postp.	antep.
nuestro	vuestro	suyo	su

3.2. FUNCIÓN

Se ha dicho en otro lugar que el contenido morfosintáctico del posesivo es la señalación de persona y que este contenido está asumido a la manera léxica en virtud de su funcionamiento como adjetivo [3]. Precisemos.

---

2. *Ibídem.*
3. Véase 1.2.

La deíxis determina dos procesos, el de señalización y el de actualización [4]. La actualización es una operación previa a la señalación, la presupone o implica [5]. Pero en los posesivos «son actualizadores implícitos los antepuestos, mas no lo son los pospuestos». [6]

Ahora bien, como deícticos, aunque no lleven implícita la actualización, la exigen. En otras palabras, requieren la previa actualización del sustantivo sobre el que inciden.

Para Coseriu, «el actualizador por excelencia es el artículo llamado definido o determinado» [7]. Este es el operador del proceso de actualización. Su ausencia supondría la no actualización. Por tanto, el posesivo pospuesto siempre exigirá la presencia del artículo determinado o de cualquier otro elemento que lo implique (demostrativo). Pero es fácil hallar ejemplos donde un sustantivo no actualizado (grado Ø del artículo) aparece con el posesivo pospuesto: «quisiera ser amigo tuyo» (C. L., 117), «han quemado árboles míos».

Si la deíxis presupone la actualización, ¿cómo son posibles estos ejemplos? Más aún, si la actualización es el «proceso mediante el cual los elementos virtuales de la lengua adquieren una significación y una función reales en la frase» [8], ¿cómo pueden hallarse sustantivos no actualizados en un texto?

En primer lugar, hay que hacer una matización. Es preciso distinguir entre la ausencia del artículo en el discurso y el Ø de la actualización de un sustantivo virtual. Pottier, siguiendo a Guillaume, establece la diferencia:

«b) *L'article zéro de langue* se rencontre lorsque le substantif fait corps (psycho-sémantiquement) avec le sujet du verbe: «tener confianza».

c) *L'article zéro de discours*, conditionné par le contexte, se rencontre dans le domaine de *un* (l'affinité entre *un* et les adjectifs du type *cierto, otro,* entraîne la suppresion de *un),* ou de *el* (le mot énoncé est déjà défini, posé par le contexte): «ir a casa (la sienne)»... etc.». [9]

4. CARBONERO CANO, P.: *Deíxis espacial..., op. cit.,* pág. 12.
5. COSERIU, E.: «Determinación y entorno», *Teoría del lenguaje y lingüística general.* Gredos, Madrid, 1973, pág. 297.
6. *Idem,* pág. 302.
7. *Idem,* págs. 294-295.
8. LÁZARO CARRETER, F.: *Diccionario de términos filológicos.* Gredos, Madrid, 1974.
9. POTTIER, B.: *Introduction..., op. cit.,* pág. 43.

Pero si se observa detenidamente este texto de Pottier, se verá que no habla de *actualización/no actualización,* sino de *definición/no definición* (determinación/no determinación), proceso posterior al de la actualización, como parece deducirse de estas palabras de V. Lamíquiz: «un concepto actualizado, aunque esté determinado en extensión, queda aún indeterminado en comprensión. Tiene que ser *identificado*». Ello «se obtiene con un determinativo (o un *artículo*)». [10]

En esta misma línea se encuentra Alarcos al señalar como función del artículo, aparte de la de transpositor a función nominal de elementos que desempeñan originariamente otra función, la *identificación:* «convierte el nombre clasificador en nombre identificador *(ropa de niño,* frente a *ropa del niño)*» [11]. Véase cómo el hecho de ser clasificador (designar clase) no le impide tener una función y una significación reales en la frase, es decir, estar actualizado: *ropa de Ø niño.*

Este grado Ø, cuando por condicionamiento textual no está en la esfera de *el,* sino que realmente es ausencia de artículo, es la expresión de la no identificación o no determinación del sustantivo.

Según lo anterior, el proceso de identificación presupone el de clasificación (designación de clase) y éste, el de actualización:

> Actualización
> Clasificación
> Identificación

La no actualización correspondería al nivel de los sustantivos virtuales o en potencia, con posibilidad de realizarse en el discurso. La actualización sería la realización de esa posibilidad, que puede presentarse con los valores generales del sustantivo virtual (clasificación) o identificada.

Sería, por tanto, función del artículo la identificación del sustantivo, no su actualización. Esta no tendría un operador concreto a no ser el discurso. [12]

---

10. Lamíquiz, V.: «El demostrativo en español y en francés. Estudio comparativo y estructuración», *R. F. E.,* L (1967), pág. 163.

11. Alarcos Llorach, E.: «El artículo en español», *Estudios de gramática funcional.* Gredos, Madrid, 1974, pág. 176.

12. En el diccionario de Dubois (véase Bibliografía) se lee: «Ciertos

Estamos en condiciones ahora de volver al posesivo. Este presupone siempre la actualización del sustantivo, pero no la identificación del mismo. Ello explicaría los ejemplos en que aparece con el grado Ø del artículo. La señalización a la persona será un proceso posterior al de la actualización y anterior al de la identificación, de manera que aparecerá con sustantivos actualizados, pero no necesariamente identificados. El posesivo antepuesto añadiría siempre a la señalización personal la identificación. El pospuesto, al no llevar implícita la identificación, es indiferente al rasgo.

Ahora bien, ¿qué tipo de operación es la señalación a la persona? Ya se ha dicho que no es ni actualización ni identificación, y que en un orden lógico se encuentra entre ambas. Parece, pues, tener relación con la clasificación o designación de clase.

Si tomamos el ejemplo «amigo mío», observamos que lo que el posesivo realiza es una partición de la clase designada por el sustantivo.

Por tanto, la señalación de la persona establece una subclase dentro de la clase designada por el sustantivo, que, como ésta, puede o no ser identificada:

Amigo mío   Sin identificación

El amigo mío ⎤
                    ⎬   Con identificación
Mi amigo   ⎦

Cuando las operaciones de identificación y partición se dan simultáneamente, se puede optar por dos soluciones, como puede verse en los ejemplos anteriores. En la primera («el amigo mío») se observan los dos procesos manifiestos por dos diferentes elementos: el artículo (identificación) y el posesivo (partición). En la segunda, el artículo está implícito en el posesivo [13] y éste manifiesta los dos procesos. Esta es sintética; aquélla, analítica.

---

lingüistas consideran que existen lenguas en las que la actualización no es necesaria, en las que el mero hecho de utilizarla como mensaje basta para actualizar la unidad léxica».

13. Ya BELLO (*Op. cit.,* pág. 878) lo señalaba: «Los pronombres posesivos y demostrativos se suponen envolver el artículo cuando preceden al sustantivo».

Obsérvese la diferencia con el demostrativo que siempre implica la identificación, asumiéndola cuando se antepone al sustantivo y exigiéndola cuando se pospone: «este libro» o «el libro este», pero no «libro este».

Esa partición de clase de que hablamos es lo que Coseriu llama *delimitación* [14], conjunto de operaciones «que modifican las posibilidades designativas del signo, circunscribiendo la «denominación» (parcializando el «concepto»), o «limitan» la denotación, en sentido extensivo o intensivo, orientando la referencia hacia *una parte* o hacia *un aspecto* del particular denotado». Esta operación es diferente de las de actualización y discriminación [15] que «representan fases sucesivas (...) del proceso que va de lo *virtual* a lo *actual* y de la *plurivalencia* ("universalidad") de la designación potencial a la *monovalencia* ("particularidad") de la denotación concreta». Los «situadores» del SN (posesivo y demostrativo) son operadores de situación, una de las formas de la *discriminación*. [16]

3.2.1.   *El posesivo y el demostrativo*

Es interesante anotar el hecho de que los posesivos, a través de su función de «situadores» personales, delimitan al sustantivo, es decir, funcionan como adjetivos. Este funcionamiento no es posible verlo en el demostrativo, que sitúa en el espacio a un sustantivo previamente actualizado e identificado, pero no delimita en el sentido que Coseriu entiende este concepto. En cambio, el posesivo sí. Esto se ve muy claramente al contrastar el funcionamiento morfosintáctico de uno y otro con el del adjetivo calificativo. Tomemos tres ejemplos:

1. «Este coche está mal aparcado»
2. «Mi coche está mal aparcado»
3. «El coche azul está mal aparcado».

Todo adjetivo presupone una estructura atributiva implícita [17]:

---

14. *Op. cit.*, pág. 304.
15. *Ibídem.*
16. *Idem*, pág. 301.
17. Entendemos la presuposición como la serie de condiciones asumidas por el hablante en la actividad comunicativa, cuya verdad se con-

«El coche es azul»
«El coche azul está mal aparcado».

En el posesivo ocurre exactamente igual:

«El coche es mío»
«Mi coche está mal aparcado». [18]

Que en ambos casos existe presuposición lo prueba el hecho de que tanto adjetivo como posesivo responden a sus características, a saber [19]:

1. Puede hacerse explícita, como ya se ha visto.
2. No se altera con la negación de la proposición:

«El coche azul *no* está mal aparcado»
«Mi coche *no* está mal aparcado».

3. Puede ser rechazada:

P1 «El coche azul está mal aparcado»
P2 «Azul, no, celeste».

P1 «Mi coche está mal aparcado»
P2 «Tuyo, no, mío».

Obsérvese este último caso. Al rechazar la presuposición y, por tanto, negarla, el objeto en cuestión (el coche) es único. Sólo varía su referencia personal.

_____

sidera evidente, suponiendo que los interlocutores hacen lo mismo. Son los hablantes los que establecen presuposiciones en una situación dada; éstas no brotan espontáneamente de las frases. Pertenecen al nivel de comunicación, no al nivel gramatical, lo cual no implica que no tengan una incidencia en lo gramatical. Algunas de sus características son:
— El oyente puede rechazarlas.
— Permanecen invariables aunque lo enunciado sufra una modificación adverbial, especialmente de carácter negativo.
— Pueden hacerse explícitas.
Estas ideas están extraídas del libro de SCHMIDT, *Teoría del texto* (véase bibliografía), que hace un análisis detenido de la cuestión.
18. Más adelante (3.2.4) se harán algunas aclaraciones sobre la estructura atributiva del posesivo.
19. Véase nota 17 de este mismo capítulo.

En cambio, al negar la proposición el mismo sustantivo (coche) se refiere a dos objetos diferentes, y el posesivo, como el adjetivo, exige la aparición del artículo:

P1 «El coche azul está mal aparcado»
P2 «El azul, no, el celeste».

P1 «Mi coche está mal aparcado»
P2 «El tuyo, no, el mío».

En otras palabras, en el primer caso se duda de la atribución implícita, es decir, de la asignación de ese adjetivo a ese sustantivo. En el segundo, se duda del sintagma completo:

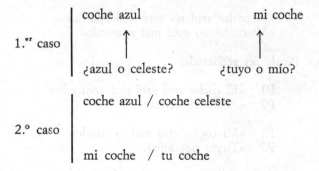

Aparentemente el demostrativo también puede establecer estos dos tipos de relaciones:

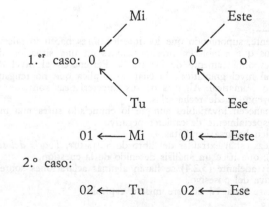

Pero en la realidad ello no es posible. El cambio de un demostrativo por otro arrastra siempre la variación del objeto, lo que indica la inexistencia de presuposición:

P1. «Este coche está mal aparcado»
P2. «Ese, no, aquél». [20]

No es posible hallar un ejemplo donde el cambio de un demostrativo por otro no conlleve el cambio del objeto. Pero, ¿por qué el demostrativo no establece presuposición?

Porque mientras el posesivo puede presentarse en función de predicado nominal, el demostrativo nunca realiza esta función. Dos frases aparentemente iguales como:

«El libro es éste»
«El libro es mío»

son estructuralmente diferentes. En la primera, se parte de la siguiente situación:

$$01 \qquad 02$$
$$\text{éste (libro)} \qquad \text{el libro}$$

Hay dos objetos: el objeto que señalo (éste) y el objeto a que antes me he referido, que he comprado, etc.
Por medio de la cópula «ser» los igualo:

$$01 \quad = \quad 02$$
$$\text{éste (libro)} \quad \text{es} \quad \text{el libro}$$

En la segunda, se parte de la siguiente situación:

$$0 \qquad P$$
$$\text{el libro} \qquad 1.^a \text{ persona}$$

Hay un objeto y una persona a los que por medio de la cópula relaciono, pero no en igualdad, sino atribuyendo la referencia personal al objeto:

---

20. Podría tal vez darse algún ejemplo de corrección ante un error de apreciación de la zona de la persona o un error de uso de la forma de demostrativo adecuada, pero no es común.

$$0 \longleftarrow P$$
$$\text{el libro} \quad \text{es} \quad \text{mío}$$

Desde un punto de vista lógico, la atribución se hace del objeto a la persona, pero la lengua puede presentar la referencia a la persona como una cualidad del objeto (estructura atributiva).

En la primera frase hay una estructura ecuacional entre dos sustantivos [éste (libro) = el libro].

En la segunda, hay una estructura atributiva entre un sustantivo y un adjetivo (el libro ←— mío).

El demostrativo nunca puede ser predicado nominal, es decir, nunca puede ser atributo. Obsérvese que en el ejemplo no se establece relación entre «la zona del hablante» y el objeto, sino entre un objeto relacionado con la zona de la primera persona lingüística y otro objeto.

En el posesivo, la función señaladora puede independizarse de lo señalado, mientras que en el demostrativo ello no es posible. En el sintagma *mi libro* podemos referirnos a *mi/tu* o a *mi libro/tu libro*. En el SN *este libro* podemos referirnos sólo a *este libro/otros libros,* pero no a *éste/ése,* ya que este segundo par siempre lleva implícito el objeto [*éste (libro)/ése (libro)*]. Por ello, el demostrativo no puede establecer presuposición, porque no puede funcionar como cualidad atribuida. Es algo inherente al sustantivo con el que aparece. Es un morfema suyo que indica «localización del objeto designado por el sustantivo (en el espacio real o textual)». Forma un bloque con el sustantivo. [21]

El demostrativo, dado que siempre presupone el artículo, presupone también la identificación, según se vio, por lo que siempre acompaña a sustantivos que no designan clase, sino objetos determinados. De ahí que no funcione nunca como delimitador de clase, sino como situador de objetos.

El posesivo, en cambio, aún en los casos en que el sustantivo aparece identificado, lo muestra como perteneciente a una clase *(el libro mío ⊂ libro mío)* subclase de la clase general designada por el sustantivo *(libro):*

―――――――

21. Véase más adelante 3.2.5.

Actualización

Clasificación   Delimitación (poses.)

Identificación

↓ Situación (demostrativo)

Parece como si se estableciera una fuerte relación entre los objetos y su situación en el espacio. Efectivamente, «lo que está aquí» es diferente de «lo que está en otro lugar», porque un cuerpo no puede ocupar dos lugares en el espacio al mismo tiempo (en el momento de la enunciación). Además, «lo que está aquí» es algo perfectamente definido como objeto.

En cambio, la referencia a la persona se ve más independiente. «Lo que es mío» es diferente de «lo que es tuyo», pero puede ser «mío y tuyo» también. Por otro lado, «lo que es mío» no está necesariamente definido. Puede estar aquí (en presencia, en el contexto inmediatamente anterior o posterior o por evocación) o no. Es decir, puede ser conocido del oyente o no *(mis amigos/amigos míos)*. «Lo que está aquí» no es nunca una masa amorfa. «Lo que es mío» puede serlo. [22]

3.2.2. *Relaciones entre el artículo y el posesivo*

Hemos dicho que el posesivo antepuesto implica artículo. Esta afirmación requiere una matización.

Alarcos, en su citado estudio del artículo en español, señala dos valores para este elemento:

1. El ya indicado de identificación.
2. Transpositor «a función nominal de los segmentos que originariamente desempeñan otra función». [23]

---

22. Puede argumentarse que «lo que está aquí» puede no ser conocido, presentarse como una masa amorfa también: «¿Qué es esto?». Estaríamos aquí ante un problema introducido por la ambigüedad del verbo «conocer». Efectivamente, aunque no sepamos qué cosa sea esto, lo que tenemos delante de los ojos, como cosa está perfectamente definida en el espacio y el tiempo. Puede que no sepamos de qué está hecha, cuál es su calidad material, pero la vemos, la podemos tocar.

«Lo que es mío» se puede encontrar en esta misma situación o no: en «árboles míos», no sabemos dónde están esos árboles, cuántos son, cómo son, en virtud de la no identificación.

23. ALARCOS LLORACH, E.: «El artículo...», *op. cit.*, pág. 176.

El posesivo antepuesto asume la primera de estas funciones, pero no la segunda. Es posible «el árbol/mi árbol», pero en «El coche rojo no me gusta. Prefiero el azul», no es posible decir *mi azul*. Habría que posponer el posesivo al grupo sustantivo *(el azul mío),* sustantivar el posesivo y posponerle al adjetivo *(el mío azul)* o recurrir a otros medios. Se debe esto a que el artículo en los casos de sustantivación, al ser morfema del sustantivo independiente [24], puede aparecer solo representando al sustantivo de que se trate, siempre que éste se encuentre suficientemente explícito en el texto o la situación. [25]

El posesivo, puesto que no es morfema del sustantivo, sino algo añadido a *posteriori,* adjetivo, no puede funcionar en el mismo sentido que el artículo. [26]

3.2.3. *El posesivo y el nombre propio*

El posesivo establece una partición en la clase designada por el sustantivo a través de la señalación a las personas lingüísticas. Pero hay un grupo de sustantivos, S '—Común', que no son clasificadores, sino identificadores porque «identifica(n), sin posible ambigüedad en una situación dada, una realidad dada». [27] No designan clase de objetos. Por ello, y dada la función del posesivo, rechazan la combinatoria con este elemento.

Ya veíamos en el capítulo correspondiente [28] cuán reacios eran los sustantivos de esta clase a admitir un posesivo. Pero el rechazo no es total. Se dan casos en que el posesivo aparece junto a nombres propios.

---

24. ....: *Gramática estructural, op. cit.,* pág. 67.
25. No hablamos de sustitución. Como ya demostró Alarcos en su trabajo sobre «el artículo en español», éste no es núcleo de los sintagmas donde hay un adjetivo sustantivado. Efectivamente, en nuestro ejemplo, *el azul, el* no sustituye a *coche* («prefiero coche azul»). La aparición del artículo sin el sustantivo, que ya debe ser conocido de antemano *(el azul* no significa nada sin un sustantivo anterior en el texto o conocido pragmáticamente —caso de *el bueno,* que es, se sabe, «el hombre bueno»—), es un recurso de economía discursiva. Evita la repetición del sustantivo, pero no le sustituye. Este está eludido y siempre hay posibilidad de hacerlo aparecer sin que ello sea causa de la desaparición del artículo. Este mismo funcionamiento es el que se verá luego en el demostrativo.
26. Para un análisis más detenido véase 3.2.5.
27. ALARCOS LLORACH, E.: «El artículo..., *op. cit.,* pág. 176.
28. Capítulo 2.

Estos ejemplos pueden reunirse en dos grupos:

a) El posesivo es redundante.
b) El posesivo funciona plenamente.

En el primer caso, al estar perfectamente definido, identificado en esa situación el sustantivo, no es necesario señalarlo con respecto a nada, porque se conoce quién es y cuáles son sus relaciones. Estamos frente al mismo caso en que la señalación de persona ya ha sido hecha por otros medios[29]. La aparición del posesivo toma un cariz enfático, como los personales cuando la indicación de persona ya está hecha por el verbo[30]. Es un poner de manifiesto la persona, no indicarla (cosa que ya está hecha).

En el segundo caso, el posesivo hace funcionar al S '—Común' como si fuera '+Común', es decir, como si fuera clasificador. Obsérvese este ejemplo de Unamuno:

«El Cristo del maestro León es el Logos, la razón, la humanidad ideal, el concierto (...). *Su Cristo* es Jesús, salud, (...)» (U., 114).

Su Cristo se opone al «Cristo» de los otros, es el «Cristo» que *él concibe* (con predicado verbal implícito) frente al que los demás conciben, al igual que *mi casa* es «la casa en que yo vivo» frente a «la casa en que viven otros». «Cristo» es un sustantivo identificado plenamente. La adición del posesivo crea una especie de clase «Cristo», según lo concibe cada cual.

Compárese este ejemplo con otro del mismo Unamuno:

«Nuestro Cervantes» (U., 25)

donde no hay «otro Cervantes» y, por tanto, el posesivo adquiere el valor enfático.

El rechazo de los S '—Común' con respecto a la posposición del posesivo[31] creemos que se debe al hecho de la relación de las formas pospuestas con la no identificación del sustantivo Esto es curioso por cuanto los S '—Común' están identificados de forma implícita, por lo que lo normal sería que el posesivo se pospusiera para evitar la redundancia. Sin embargo, la asociación

---

29. Véase cap. 4.
30. Véase asimismo cap. 4.
31. Véase 2.1.1 (S + V).

del posesivo pospuesto con la no identificación es mucho más fuerte que esto y exigiría la aparición de un artículo ante el sus-tantivo, redundante y poco normativo:

«El Cervantes nuestro».

Para encontrar un sustantivo '—Común' con posesivo pos-puesto hay que acudir a las exclamaciones: «¡Dios mío!» Y aún así no es frecuente.

3.2.4. *Mi - mío: ¿variantes?*

Hemos observado que cuando aparece la identificación del sustantivo, el posesivo puede anteponerse llevando implícita la identificación, o posponerse exigiendo el artículo ante el sustan-tivo. De manera que los sintagmas P + S y Art. + S + P son equivalentes. Las estadísticas señalan una tendencia hacia la gene-ralización en el empleo de P + S: frente a 6.567 casos de P + S, sólo hay, en nuestro *corpus,* 28 casos de Art. + S + P, de los cuales 22 pertenecen a la poesía (B. O., 2; M. H., 3; A. M., 17) y el resto a la prosa (C. J. C., 2; C. L., 3; P. B., 1). Los casos de poesía se deben todos a condicionamiento métrico. La tendencia se inclina hacia lo más fácil: P + S es más breve (tiene menos sílabas), supone menos esfuerzo articulatorio (es proclítico frente al pospuesto que tiene acento propio) y asume dos funciones (identificación y señalación). Esto no quiere decir que se vaya hacia la eliminación de Art. + S + P. Esta es una variante esti-lística que posee mayor intensidad que P + S, precisamente gracias al acento del posesivo, por lo que puede usarse en deter-minadas circunstancias textuales donde interese especialmente realzar una nota. Véase este ejemplo de C. J. Cela:

«(Doña Matilde se refiere a su hijo, artista.) A mí me da mucho sosiego que trabaje en una gran capital; en los pueblos hay mucha incultura y, a veces, a esta clase de artistas les tiran piedras. ¡Como si no fueran como los demás! Una vez, en Jadra-que, tuvo que intervenir hasta la Guardia Civil; si no llega a tiempo, *al pobrecito mío* lo despellejan aquellos seres desaimados y sin cultura que lo único que les gusta es la bronca y decir ordinarieces a la estrellas» (C. J. C., 122).

No siempre aparece Art. + S + P con estas connotaciones. Otras veces, puede cambiarse con P + S sin mayores problemas.

Pero no es a este nivel donde pretendemos situar la cuestión de la variación, sino al nivel de las formas del posesivo.

A primera vista podría pensarse en un doble sistema en los posesivos, escindido por el rasgo de identificación:

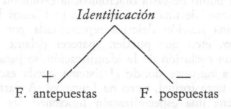

Identificación

+   —

F. antepuestas   F. pospuestas

Pero, independientemente de la identificación, se descubre la misma función y el mismo contenido [32]. Efectivamente, ambos indican persona lingüística y por ella operan una partición en la clase designada por el sustantivo. Es sospechoso, pues, el papel de la distribución a la hora de que la indicación de persona se combine con el rasgo de identificación.

Antiguamente, ya se sabe, el posesivo antepuesto admitía el artículo determinado e incluso «un» [33]. De lo primero quedan aún restos [34]. Esto es significativo puesto que, junto con los casos de pospuesto actuales, nos muestra la independencia absoluta de los rasgos de identificación e indicación personal.

Posteriormente, la anteposición del posesivo asumió el rasgo de identificación y excluyó el de no identificación. Es decir, *mi libro* equivalía a *el libro mío,* pero no a *un libro mío.* Lo que significa que las formas antepuestas tomaron el siguiente contenido morfosintáctico: deíctico - personal - identificador. Las formas pospuestas, solamente éste: deíctico - personal. Evidentemente, ello repercute en su empleo: la selección de una forma pospuesta exige, si se quiere identificar al sustantivo, la presencia de un identificador. La selección de una forma antepuesta, no. La anteposición o posposición, que, en principio, era libre, se hace fun-

---

32. La forma está modificada por razones de evolución fonética: los antepuestos son átonos y en la señalación singular de persona son apocopados (también la tercera de plural).

33. R. A. E.: *Esbozo..., op. cit.,* pág. 429.

34. «Sigue siendo general en todo el dominio del dialecto (leonés) el uso del posesivo con el artículo antepuesto, construcción conocida del antiguo castellano». ZAMORA VICENTE, A.: *Dialectología española,* Gredos, Madrid, 1967, pág. 207.

cional, ya que conlleva un rasgo: anteposición-identificación/pos-posición-no identificación. De manera inversa, la elección de la no identificación para un sustantivo, exige la posposición del posesivo.

Desde un punto de vista diacrónico, la evolución parece haber sido la siguiente: de una situación, que podríamos llamar latina, donde hay una función deíctica representada por unas formas *(meum, tuum,* etc.) que pueden aparecer delante o detrás del sustantivo, con exclusión de la identificación, se pasa a una situación primitiva romance donde el sistema queda escindido desde un punto de vista formal, pero no funcional. A partir de la escisión sobreviene una especialización funcional: las formas antepuestas asimilan la identificación; las pospuestas la excluyen. En el primer caso, tenemos una forma, dos posiciones posibles y la misma función. En el segundo, dos formas, dos posiciones, respectivamente, y la misma función. En el tercero, dos formas, dos posiciones y una función añadida a los antepuestos con respecto a los pospuestos y a la situación anterior [35]:

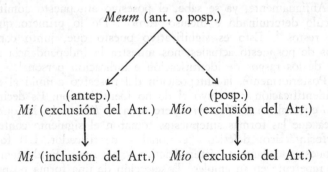

Meum (ant. o posp.)

(antep.)   (posp.)
Mi (exclusión del Art.)   *Mío* (exclusión del Art.)

Mi (inclusión del Art.)   *Mío* (exclusión del Art.)

Según la regla tercera de Trubetzkoy [36], estamos ante dos variantes combinatorias de un elemento deíctico personal adjetivo. En nuestro caso, habría que hablar mejor de variantes distribucionales, ya que la combinatoria se realiza siempre con el sustantivo, variando la posición con respecto a éste.

---

35. Se ha evitado plasmar toda la evolución formal, que puede verse en: MENÉNDEZ PIDAL, R.: *Manual de gramática histórica española.* Espasa-Calpe, S. A., Madrid, 1973, págs. 255-258.
36. TRUBETZKOY, N. S.: *Principios de fonología.* Cincel, Madrid, 1973, pág. 144.

Cabría hacer en este punto una pregunta: ¿por qué la posición ha condicionado en el sentido de la identificación y no en el de la no identificación a las formas antepuestas?

No podríamos responder con seguridad. Tal vez sería preciso un estudio diacrónico para ello, pero, a pesar de todo, puede suponerse que se debe a un hecho: la no identificación es la ausencia del rasgo. Lo lógico es que se asuma lo marcado que es lo caracterizado. Lo no caracterizado no puede asumirse.

Hasta aquí hemos visto la relación de las formas antepuesta y pospuesta del posesivo, es decir, la relación de estas formas en su funcionamiento dentro del SN. Pero ya se sabe que las formas pospuestas pueden funcionar también como predicado nominal. En esta posición adverbal se advierte un nuevo elemento: el posesivo sólo se refiere a sustantivos caracterizados como '+ Animados', '+ Humanos' [37]. En la posposición del posesivo, ésta es una tendencia marcada. En el adverbal parece ser un hecho. Hay una relación en todo ello con lo que S. Fernández dice del personal [38]: «En la referencia anafórica hay que distinguir la mención de persona y la mención de cosa. Las formas átonas, como hemos dicho en los párrafos anteriores, se aplican sin limitación a las dos menciones. Pero las formas tónicas ofrecen cierta resistencia a la mención de cosa cuando van construidas sin preposición (...)».

Es decir, cuando *él* funciona como sujeto difícilmente se refiere a cosa. Diferente es su situación cuando funciona como objeto.

En el posesivo, la posición más destacada es la de predicado nominal, ya que señala el momento de la atribución. Es una cualidad que se está añadiendo al sustantivo. En el SN se difumina porque es cualidad *ya* añadida. Esta posición predominante parece que se pone en relación con la de sujeto, propia del sustantivo, función específica, ya que la de objeto supone una traslación sintáctica [39]. Esta relación no es ocasional [39]. Ya vimos que posesivo y personal son dos variantes para las funciones de adjetivo y sustantivo, respectivamente. Por tanto, es lógica la relación entre los valores primarios (atribución y sujeto, respectivamente) de ambas clases de palabra.

---

37. Véase 3.1.1 (S + V + P o V + S + P).
38. *Op. cit.,* pág. 208.
39. Carbonero Cano, P.: *Funcionamiento lingüístico de los elementos de relación.* P. U. S., Sevilla, 1975.

Consecuentemente, el posesivo adverbal se caracteriza por aplicarse especialmente a «mención de persona», frente al posesivo que funciona en el SN, con posibilidad de aplicarse a «mención de persona» o «mención de cosa». La tendencia del pospuesto a la «mención de persona» antes observada se debe a que sus formas son idénticas a las del adverbal.

Establecida la relación entre las diferentes formas y funciones del posesivo, podríamos ver qué relación existe entre la construcción en el SN y la construcción en el SV del posesivo.

Ya vimos en el capítulo 3 que la visión 2 presupone la visión 1 [40]. El posesivo antepuesto o pospuesto se nos presenta en forma de visión 2: *mi libro* o *el libro mío*. El posesivo adverbal, como visión 1: *el libro es mío:*

> V.1   «El libro es mío»
> V.2   «Mi libro» o «el libro mío».

Esto no es más que consecuencia de algo que se ha indicado más arriba: el posesivo adverbal manifiesta el momento de la aplicación al sustantivo de la cualidad; el posesivo en el SN es cualidad ya aplicada.

Pero si partimos de la visión 2 no siempre es posible una visión 1 con posesivo adverbal, por el hecho de que éste está limitado a la «mención de persona». Se debe recurrir en estos casos a la construcción con el personal [41]. Es fácil deducir, pues, que esta construcción con el personal es una variante de la expresión con posesivo adverbal, cuando éste es posible:

> «No era suya la culpa»
> «El no tenía la culpa»
> o
> «El no era culpable».

Siempre hay una estructura atributiva subyacente, aunque, por las razones explicadas, no siempre pueda explicitarse como tal y haya que recurrir a otros medios.

En resumen, el posesivo antepuesto y el pospuesto se diferencian como variantes distribucionales. El primero implica identificación del sustantivo. El segundo, no.

---

40. Véase específicamente 1.1.
41. Véase 1.1.

Este posesivo, que podríamos llamar adnominal, se diferencia del adverbal en que éste expresa la cualidad en proceso de atribución, mientras que aquél expresa cualidad ya atribuida. Por eso, la construcción adverbal (V.1) es presupuesta por la adnominal (V.2). Son dos momentos del proceso de atribución.

Por relación al personal, además, el posesivo adverbal se aplica especialmente a «mención de persona» frente al nominal que puede aplicarse a persona o cosa.

3.2.5. *Sustitución*

Antes de pasar a analizar la cuestión de si el posesivo es sustituto o no, conviene que nos pongamos de acuerdo con respecto al concepto de sustitución que vamos a usar.

«Sustituir» es «estar en lugar de algo» etimológicamente. Por tanto, en principio, la sustitución será una función por la que un elemento de la lengua se halla en lugar de otro. La finalidad es clara: economía discursiva [42].

Si entendemos la deíxis tal como lo hacemos en el comienzo de este trabajo, el sustituto será un elemento deíctico contextual (anafórico o catafórico). Si dentro del concepto de sustitución se incluye «a otros elementos que aparecen implícitos en la comunicación» [43], estaremos igualando deíxis con sustitución. Cabe la posibilidad de entender la deíxis sólo como mostración *ad oculos* [44]. El sustituto será un concepto paralelo a éste:

Deíxis: señalación a la situación
Sustitución: señalación al contexto.

Vamos a seguir el criterio establecido desde el principio de este trabajo, por el que la deíxis se toma como el fenómeno general del que la señalación al contexto (sustitución) no es más que un aspecto.

De este modo, los deícticos personales, ya sea en función de sustantivos, ya en función de adjetivos, sólo podrán funcionar como sustitutos en su tercera persona, según se dijo en otro lugar.

---

42. Lamíquiz, V.: *Lingüística..., op. cit.,* pág. 351.
43. *Ibídem.*
44. Como lo hacen, por ejemplo, Martín Alonso, S. Fernández y otros.

Ahora bien, el concepto de sustitución está en relación con la clase de palabras a que se sustituye. Si un elemento sustituye a adjetivos, sólo puede funcionar como tal. Esto es lo que ocurre con el posesivo. El posesivo sólo sustituye a adjetivos:

«Pero ello da ocasión a que el lector colabore conmigo, corrigiendo con su serenidad el mal que pueda encerrar tal procedimiento rítmico de contradicciones» (U., 15).

«Su serenidad» es «la serenidad *del lector*». Pottier afirma que «los posesivos son sustitutos del grupo adjetival de forma *de + SN*» [45]. Marcos Marín utiliza el término *reemplazar*: «los posesivos reemplazan el giro analítico *de + persona gramatical*» [46].

Observamos, por tanto, que se opera en el mecanismo de sustitución por el posesivo los siguientes pasos:

> El lector — la serenidad
> La serenidad del lector
> Su serenidad.

Lo que el posesivo sustituye no es el sustantivo tal cual aparece en el texto sino ya convertido, trasladado a la categoría de adjetivo. Y lo sustituye para evitar la repetición innecesaria del mismo término.

Existe una interacción entre la sustitución y la función sintáctica del sustituyente. Por ser sustitutos de adjetivos, los posesivos tienen que ser adjetivos. Se ve así más claramente lo que antes decíamos acerca de las relaciones entre personal y posesivo: el personal, por ser sustituto de sustantivos, es sustantivo. Ello nos hace pensar más aún en dos variantes:

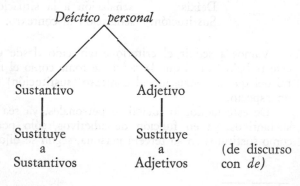

Deíctico personal

Sustantivo	Adjetivo	
Sustituye a Sustantivos	Sustituye a Adjetivos	(de discurso con *de*)

45. Pottier, B.: *Gramática...*, op. cit., pág. 18.
46. *Op. cit.*, pág. 150.

Como adjetivo que es, el posesivo no puede ser sustituto de sustantivos nunca. Acompaña al sustantivo. Por eso, los casos de sustituto que para el posesivo se señalaban de antiguo (*el mío, la mía, lo mío*), no lo son, como ya indicaron A. Alonso y H. Ureña[47]. Tomando el ejemplo de estos autores:

«Toma tu libro; yo me quedo con el mío»

veremos que *mío* no sustituye a *libro,* «puesto que, si ponemos "libro" en lugar de "mío", la frase pierde su sentido: "toma tu libro; yo me quedo con el libro"».[48]

Pero observemos lo que ocurre si el posesivo es *suyo:*

«Una de las pocas cosas que en aquel tiempo estaba ya capacitada para entender era la miseria en cualquier aspecto que se presentase: aún bajo la buena tela y la camisa de hilo de Gerardo... Puse, en un gesto impulsivo, mi mano sobre la suya (...)» (C. L., 144).

Suya no sustituye a *mano,* pero está en lugar de *de Gerardo:*

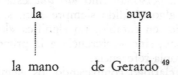

Por tanto, los posesivos sí son sustitutos, pero de adjetivos (de una clase de adjetivos, los de discurso con *de*).

Cuando en el apartado de combinatoria hablábamos de referencia a sustantivos, lo hacíamos sin especificar para no anticipar la materia. Efectivamente, el sustantivo interviene, pero adjetivado por *de*. Dentro de este tipo de adjetivos de discurso, el sustantivo puede ser de lengua o de discurso.

Más arriba hemos negado la función de adjetivo en el demostrativo. La sustitución es un hecho más que corrobora tal idea. Acabamos de decir que existe una interacción entre la función de sustitución y la parte del discurso que tiene el sustituto, de manera que un adjetivo como el posesivo no puede sustituir a sus-

47. *Op. cit.,* págs. 219-220 (Primer curso).
48. *Ibídem.*
49. El artículo tampoco sustituye a *mano,* como pudiera parecer Véase la nota 24 de este mismo capítulo.

tantivos, sino a adjetivos. Si el demostrativo fuera un adjetivo,
en sus funciones sustitutivas sólo podría reemplazar a otro adjetivo, pero nunca a un sustantivo. Sin embargo, los ejemplos de
sustitución con el demostrativo muestran que éste sustituye a sustantivos siempre, pero nunca a adjetivos:

«Y eso que éste es un barrio tranquilo» (C. J. C., 177)

Este es «este barrio» y está en función sustantiva (sujeto).
Obsérvese el hecho de que, más que sustitución, en el demostrativo lo que hay es elisión del sustantivo, ya que *éste* no se
elimina con la aparición del mismo [50]:

«Y eso que este *barrio* es un barrio tranquilo.»

Es decir, *éste* no está en lugar de *el barrio,* porque *éste* significa «el barrio que tenemos delante o de que hablamos».
Ya dijimos antes que la referencia a la zona de la persona
presupone siempre una noción de sustantivo: *este* no significa
«cerca de la primera persona» sino *«lo que* está cerca de la primera persona». Es algo añadido siempre a un sustantivo e inse-
parable de éste. *Mío,* en cambio, no significa «lo que se refiere
a la primera persona», sino «referencia a la primera persona» de
algo externo a la propia referencia.
Esto se ve con claridad comparando los ejemplos de sustitución de uno y otro: *suya* no añade ningún contenido al adjetivo
al que sustituye *(de Gerardo).* Simplemente está en su lugar.
Este añade a *barrio* la noción de lugar. Y es que *barrio* es equiparable a *la mano* del ejemplo del posesivo. Pero no existe en el
ejemplo del demostrativo ningún elemento equiparable a *de Gerardo.* En otras palabras, no hay elemento sustituido.
La diferencia es clara. Para *éste* sólo hay un sustantivo: aquél
sobre el que incide y que se puede elidir. Para *suya* hay dos
sustantivos: aquél sobre el que incide (mano) y aquél al que
sustituye (Gerardo), adjetivado por de:

Demostrativo: S.1   éste ⟶ S.2:   S.1 = S.2

Posesivo: (de) S.1   suya ⟶ S.2:   S.1 ≠ S.2

---

50. Véase que ese comportamiento es muy semejante al del artículo
(nota 24 de este mismo capítulo).

Por tanto, a diferencia del demostrativo, el posesivo es sustituto. Está verdaderamente en lugar de algo. El demostrativo acompaña a algo presente o ausente.

3.2.6. *La insistencia en lo deíctico*

A la hora de referirse a esta forma de deíxis, es necesario hacer una distinción entre identificación e insistencia [51]. La primera corresponde a la función del «pronombre» latino *idem,* que, como señala Bassols [52], consta de «dos elementos *(is-dem):* el primero es el anafórico, el segundo una partícula que insiste en la idea de identidad». Se corresponde en español con *mismo* antepuesto al sustantivo: «el mismo rey» *(rex idem)* = «el rey de que antes se ha hablado».

La segunda se relaciona con la función del «pronombre» latino *ipse.* «Etimológicamente significa este pronombre él, y ningún otro» [53]. Se corresponde en español normalmente con *mismo* pospuesto al sustantivo: «el rey mismo» *(rex ipse)* = «el rey en persona».

Como se ve, no son funciones muy separadas por el hecho de que «el rey de que antes se había hablado» no es ningún otro». La diferencia está en que las funciones «idem» implican una anáfora que no existe en las funciones «ipse».

Nos interesa especialmente el estudio de estos procesos en el posesivo. Lo primero destacable es el mayor empleo de «propio» en el posesivo [54]. Aunque S. Fernández señala que este adjetivo puede realizar las mismas funciones que «mismo», la identificación (función «idem») le es extraña [55]. Lo normal es encontrarlo en función de insistencia:

---

51. El presente apartado tiene muy en cuenta el estudio de S. Fernández sobre *mismo* y *propio* en la obra ya citada, págs. 222-227.
52. Bassols de Climent, M.: *Sintaxis latina.* C. S. I. C., Madrid, 1973, págs. 203-204, vol. I.
53. *Ibídem.*
54. Hemos utilizado para este capítulo las obras de Unamuno, Buero Vallejo y Camilo José Cela. Sólo hay un ejemplo de *mismo* en ellas: «ama a otro pueblo como al tuyo mismo» (U., 120).
Nos apoyamos también en la opinión de S. Fernández *(Op. cit.,* página 226), para quien todos los valores de *propio* provienen de «la contrucción del adjetivo *propio* con los pronombres posesivos», con lo que parece aludirse también a lo dicho.
55. S. Fernández indica lo afectado, literario, del empleo de *propio* por *mismo.* Esto se ve especialmente cuando lo suple en las funciones *ídem.*

«Canta solo, animándose con sus propias palmas»
(C. J. C., 75)
«El ideal de nuestro propio Espíritu» (U., 69)

«Propio» puede aparecer delante o detrás del sustantivo. Observamos que cuando va antepuesto manifiesta más claramente su función de insistencia que cuando va pospuesto:

«Un ojo implacable nos mira, y es nuestro propio ojo»
(B. V., 100)

Contrástese «nuestro propio ojo» con «nuestro ojo propio». En posición predicativa se difumina el valor de insistencia.

S. Fernández considera que «propio» «insiste en la relación posesiva»[56]. Hay evidentemente una relación léxica de «propio» con palabras que implican un valor de posesión (propiedad, apropiarse, propietario), lo que nos puede llevar a pensar en un refuerzo de lo posesivo o en un operador de lo mismo. Pero lo cierto es que «propio» puede aparecer combinado con sustantivos ante los que no es posible la interpretación de posesión:

«Mi propio padre»

Además, es cuestionable el hecho de que «propio» (o «mismo» cuando aparece) sean intensificadores o identificadores del posesivo.

Es evidente que en «él mismo» la insistencia se dirige al núcleo del SN, *él*. Pero en «el rey mismo» o en «el propio rey», «mismo» o «propio» no dirigen su función hacia el artículo, sino hacia el sustantivo. Es lo mismo que en el ejemplo del personal. Es decir, «mismo» o «propio» refuerzan al núcleo del SN, no a los adyacentes. Son adjetivos. Los casos como «el mismo» o «lo mismo» son ejemplos de sustantivación clásicos.

S. Fernández cita un ejemplo de Cervantes: «aquella propia noche». Aparte de quedarnos muy lejos desde el punto de vista sincrónico, tampoco pertenece al terreno del posesivo.

Si en *mismo* la anteposición o posposición al sustantivo, estaba en relación con las funciones *ídem* o *ipse,* de manera general, en *propio,* al ser raro su empleo en la identificación, la distribución tiene otro sentido, como se verá.

56.   *Op. cit.,* pág. 226.

La conclusión es fácil: el posesivo es un adyacente del SN, luego «mismo» y «propio» no lo intensifican ni identifican a él, sino al sustantivo:

«El propio padre de Juan»

«Su propio padre».

«Propio» no tiene nada que ver en este sentido con el posesivo. Por su contenido puede reforzar por coincidencia los casos de interpretación posesiva.

Pero si los personales pueden ser identificados o intensificados, es lógico pensar que también los posesivos, que no son otra cosa que los personales en función adjetiva, pueden recibir estas mismas funciones. El modo, sin embargo, es diferente. El vehículo de intensificación del posesivo es lo prosódico, es decir, una acentuación exagerada que le hace destacarse por encima de la línea melódica normal de la frase.

«Es MI padre». [57]

«Es MI casa»

3.2.7. *El posesivo en la sintaxis impresiva-expresiva*

Con respecto al uso del posesivo en la sintaxis impresiva-expresiva (vocativos y exclamaciones) hay dos posturas:

1. El posesivo se pospone normalmente en español [58], frente a lo que ocurre en Hispanoamérica, donde lo normal es la ante-

---

57. Este recurso es tanto más notable en el posesivo antepuesto, que normalmente es átono. Esta carga prosódica no tiene nada que ver con el acento que se conserva aún en determinadas zonas como pervivencia del uso antiguo.

58. «El pronombre átono en función de vocativo es raro en español», dice Beinhauer en la nota 6 de la pág. 22 de su libro *El español coloquial,* Gredos, Madrid, 1963.

Gili y Gaya en su *Curso superior de sintaxis española,* Bibliograf, Barcelona, 1967, dice: «El posesivo *mío* se pospone también comúnmente en España, aunque no lleve otra partícula determinativa, en los vocativos y oraciones exclamativas: «¡Madre mía!», (...)» (págs. 220-221).

posición [59]. Sólo se antepone en «los títulos militares (mi capitán) y a menudo en los libros devotos (¡Ay, mi Dios!)» [60].

2. «La preferencia por una u otra construcción depende de matices afectivos propios de cada caso o de usos regionales» [61]. Es la postura de la R. A. E.

Nuestro cómputo [62] inclina la balanza en favor del pospuesto, lo que corresponde al funcionamiento del posesivo en sintaxis declarativa. Parece lógico que, puesto que el posesivo pospuesto no implica el artículo, sea el usado en los vocativos y exclamaciones, donde éste no aparece: «¡Camarero!», pero no «¡El camarero!» [63]. ¿A qué obedece, pues, el uso del posesivo antepuesto en estos casos?

Antiguamente, parece que «implica mayor intimidad, y era la empleada para dirigirse a inferiores» [64]. Sin embargo, *mi capitán* contradice este aserto. Tal vez por ello es por lo que se le ha atribuido, por parte de algunos autores, un origen francés. [65]

De todos modos, hay un hecho que puede servirnos para ofrecer una interpretación global y desde el sistema. Sabemos que el posesivo antepuesto no siempre ha implicado el artículo [66]. Son conocidos los ejemplos en que el artículo y otras formas *(un,* por ejemplo) aparecían delante del posesivo antepuesto. Es decir, el sistema del posesivo no estaba escindido aún por el rasgo de identificación [67]. Por tanto, en principio, en vocativos y exclamaciones no estaba excluido, era posible su aparición. Ello

---

59. Así lo señalan GILI y GAYA *(Op. cit.,* págs. 220-221) y, especialmente, CH. E. KANY en *Sintaxis Hispanoamericana,* Gredos, Madrid, 1969, pág. 63.
60. KANY, CH. E.: *Ibídem.*
61. R. A. E.: *Esbozo…, op. cit.,* pág. 430.
62. De 97 ejemplos de posesivo construido en sintaxis impresivaexpresiva, 11 sólo llevan posesivo antepuesto. De éstos, cuatro son de poesía (M. H., 1; A. M., 3) y responden a condicionamiento métrico. Los restantes se dan en prosa (C. J. C., 4; C. L., 2; P. B., 1). Además, los cuatro de C. J. C. son de jerarquía militar («mi general», pág. 21; «mi capitán», págs. 120, 248 y 249). Los dos de C. L. están puestos en boca de un personaje de origen canario, y el de P. B. en boca de un sudamericano.
63. «¡El camarero!» es equiparable a «¡Mi hijo!» del segundo tipo de ejemplos de que hablamos más adelante.
64. KANY, Ch. E.: *Ibídem.*
65. Según KANY, que cita a Bonilla Ruano. Beinhauer parece indicar lo mismo al decir que «mi teniente» «representa una correspondencia del francés *mon lieutenant*» *(Op. cit.,* pág. 22).
66. Véase más arriba 3.2.4.
67. *Ibídem.*

pudo hacer que, en lugar de mantener la libre alternancia, se usara la diferencia de formas para diferentes situaciones: el antepuesto expresaría intimidad y trato a inferiores, y el pospuesto, el resto. Claro está que ello no excluye la influencia gala, que pudo suponer el empuje inicial para esos empleos o, simplemente, el origen del empleo del posesivo antepuesto en construcciones diferentes de las que en español se usaba normalmente (*mi capitán, mi Dios*).

No debe tomarse lo anterior como una afirmación, sino como una simple hipótesis, cuya corroboración requeriría un estudio histórico bastante complejo que desbordaría con creces los límites del presente trabajo.

Esta hipótesis explicaría, por ejemplo, por qué se ha especializado el empleo del antepuesto en sintaxis impresiva-expresiva en zonas como Hispanoamérica, sin posible choque con el funcionamiento en sintaxis declarativa.

Por último, para evitar errores, conviene diferenciar dos tipos de ejemplos: de un lado, los vocativos y aquellos en que realmente la estructura exclamativa se aplica a un sustantivo precedido de posesivo; de otro, los ejemplos en que, a pesar de que aparentemente lo exclamativo se aplica a un SN con posesivo antepuesto, subyace una estructura oracional y el hecho de la sola aparición del SN se debe a razones de énfasis. Es la diferencia entre:

1. «Una copa, mis amigos, viene bien para el frío». [68]
2. P1 «Por tanto, llegamos a la conclusión de que el culpable es...
   P2 «¡Mi hijo!»

En el primer caso, «mis amigos» se puede cambiar sin diferencias por «amigos míos». En la segunda no es posible porque tiene valor funcional la diferencia $\emptyset + S + P$ / $P + S$.

3.2.8. *Lexicalización*

Hemos hablado de la oposición de los sintagmas donde el sustantivo aparecía no identificado ($\emptyset + S + P$), con aquellos en que aparecía identificado ($P + S$ o Art. $+ S + P$).

---

68. Ejemplo tomado de KANY: *Ibídem*.

Pero hallamos casos de neutralización de la función distintiva de la oposición *identificación/no identificación:*

«No importa, le dices que vas de parte mía» (C. J. C., 285).
«De parte mía» / de mi parte: no parece haber diferencia.

En otros casos, la conmutación no es posible:

«Lo que me pase es cosa mía» (C. J. C., 171).
Es imposible «mi cosa».

Parece que hay una serie de casos en los que se puede observar un proceso de lexicalización. Estudiando los distintos ejemplos hemos comprobado que tal proceso cumple las siguientes etapas:
1. Puede haber alternancia, aunque sin valor significativo:

«En honor mío» (C. L., 28) / «En mi honor»
«De parte mía» / «De mi parte»
«En busca suya» / «En su busca»:

2. No es posible la alternancia, pero se permite la variación personal:

«Lo que me pase es cosa mía» (C. J. C., 171)
«La familia empezaba a considerarme como cosa suya»
(C. L., 126)
«Eso es cosa tuya» (C. J. C., 197) [69].
«En torno suyo estaba la familia Peribáñez»
(A. M., 102)
«No reparaba en torno mío» (A. M., 54).

3. No se permite la variación personal:

«De suyo» [70].

---

69. Obsérvese la diferencia con frases donde se mantiene la distinción: «pensando en sus cosas» (C. J. C., 277) / «pensando en cosas suyas».
70. A pesar de ello, no se olvida su calidad de tercera persona, ya que no aparece en contextos de primera o segunda personas. Pero en estos casos no se emplean «de mío» o «de tuyo», sino que se recurre a otras expresiones.

Estos grupos no son cerrados. Somos conscientes de que la evolución hacia la lexicalización completa provoca vacilaciones para estabilizar un empleo.

Un tipo de lexicalizaciones, aquéllas en que el SN se acerca en su funcionamiento a los adverbios deícticos de una determinada clase, será estudiado más adelante con más detenimiento. [71]

---

71. Véase cap. 4.

4. DEFICIENCIAS EN EL SISTEMA DEL POSESIVO: USO Y DESUSO

Cuando se trata del posesivo, es frecuente referirse a dos hechos:

1. Las deficiencias de su sistema.
2. Su escaso empleo.

Lo primero se debe a dos causas:

a) El desdoblamiento del sistema latino en formas átonas y tónicas con reparto de las funciones de adjetivo y pronombre, respectivamente, «no ha llegado a desarrollarse por completo, y a menudo las formas tónicas pueden usarse como adjetivos, igual que las átonas». [1]

b) La ambigüedad, señalada por todos los autores de la tercera persona, a la que contribuyen no sólo su calidad de no persona, sino la indiferenciación de género y número con respecto a la persona a que señala (*su* o *suyo* pueden entenderse como *de él, de ella, de ello, de ellos, de ellas*) y su concurrencia con la segunda persona en las fórmulas de respeto (*su-suyo, de Vd.*).

Estas parecen ser las causas que han provocado la búsqueda de otros cauces diferentes para expresar «la posesión». Criado de Val los reúne en tres: [2]

— El artículo.
— El dativo de interés.
— La preposición *de*.

1. CRIADO DE VAL, M.: *Gramática española y comentario de textos*. S. A. E. T. A., Madrid, 1958, pág. 99.
2. *Idem,* págs. 101-102.

De todos modos, «las fórmulas que hoy y en otros tiempos ofrece el español para subsanar la ambigüedad del sistema (...) parecen sólo medidas de emergencia y no las soluciones satisfactorias y permanentes que una auténtica necesidad suscitaría e impondría»[3]. Es decir, ante la «evidente indiferencia o, mejor dicho, escrúpulos del hombre español hacia la afirmación de lo que es propiedad suya»[4], se hace innecesario un reajuste serio del sistema.

Pero vayamos por partes. Tratemos en primer lugar de las deficiencias del sistema.

La primera causa no puede aceptarse por algo que ya se explicó antes[5]. Hay una mezcla de conceptos. Ser pronombre o sustituto es independiente y diferente de ser sustantivo o adjetivo. El posesivo es solamente adjetivo, frente al personal que es sustantivo, pero ambos son pronombres o sustitutos, porque están en lugar de un adjetivo (de discurso introducido por *de*) y un sustantivo, respectivamente. La diferencia entre formas átonas y tónicas, así como entre las distintas posibilidades combinatorias y distribucionales del posesivo, que se explican en otro lugar[6], quedan dentro del espectro de funcionamiento del adjetivo. El hecho de que en inglés o en otras lenguas la escisión formal llevara a diferencia de clase de palabras (sustantivo o adjetivo), no implica que el español debiera seguir el mismo camino. Aquí esa escisión se ha utilizado de diferente manera.[7]

La ambigüedad de la tercera persona es un hecho irrebatible, lo que no impide su abundante uso en el terreno literario[8] No obstante, somos conscientes de que a nivel de lo que podríamos llamar habla de la calle no es tan empleado, usándose en su lugar, cuando es necesario, otros giros menos confusos *(de + personal)*[9]. Este parece haberse impuesto de manera general en

---

3. Lorenzo, E.: *El español..., op. cit.*, págs. 35-36.
4. *Idem*, pág. 37. E. Lorenzo propone una teoría socio-económica sobre el uso y desuso del posesivo, aunque él mismo señala que no dispone «de datos suficientes en que apoyarla». Aunque respetamos tal punto de vista, preferimos pensar que si en verdad existe un desuso del posesivo en español, se debe fundamentalmente a causas lingüísticas, que son las que se intentarán ver en lo que sigue.
5. Véase 1.2.
6. Véase cap. 3.
7. Véase cap. 3.
8. Véase el Apéndice.
9. Aunque quizás sea en el terreno del habla donde la confusión es menor por implicaciones pragmáticas, gestos, etc.

determinadas zonas de Hispanoamérica y Canarias [10]. Es decir, ante la ambigüedad de uno de los recursos (el léxico) que le ofrece la lengua al hablante para presentar como adyacente la indicación de persona, se recurre a otro (el gramatical) [11].

Pero este hecho no implicaría desuso del posesivo, ya que, de un lado, este procedimiento no afecta a las primera y segunda personas, de otro, es el mismo posesivo, es decir, el mismo contenido el que aparece usando otro vehículo (*de + sustantivo*).

El uso del dativo de interés y del artículo parecen afectar al empleo de todo el sistema, no sólo a la tercera persona.

Pero, ¿puede decirse realmente que el artículo expresa posesión? Veamos algunos ejemplos:

«Cogió los guantes del gabán» [12]
«Le rompieron las gafas» [13]
«Se puso el abrigo» [14]

Efectivamente, en los tres casos el artículo se puede sustituir por el posesivo:

«Cogió sus guantes de su gabán»
«Le rompieron sus gafas»
«Se puso su abrigo»

y en todos sería redundante, porque la función del posesivo ya estaba dada de antemano. ¿De qué modo?

Recordemos, en primer lugar, que la función del posesivo es la señalación de persona en el SN, y que en éste la persona no es un elemento necesario para la concordancia, frente a lo que ocurre en el SV [15]. El posesivo es el encargado de organizar los fragmentos nominales o nominalizados del texto con respecto a las personas lingüísticas [16]. En el posesivo antepuesto, se superpone, además, la función de identificación o determinación

10. Hay un interesante estudio de Germán DE GRANDA, titulado «La evolución del sistema de posesivos en el español atlántico» (véase bibliografía), en que se trata ampliamente el tema y al que remitimos.
11. Véase 1.2.
12. Está tomado de CRIADO DE VAL: *Op. cit.*, pág. 101.
13. Está tomado de E. LORENZO: *Op. cit.*, pág. 36.
14. *Ibídem.*
15. Véase 1.2.
16. Véase cap. 2.

del sustantivo sobre el que incide [17]. La expresión de la función deíctica del posesivo por otros medios no incluye la expresión de las funciones del artículo que el antepuesto asume. Por tanto, al hacerse innecesario por redundante el valor deíctico personal, permanece el de identificación del sustantivo, por lo que reaparece el artículo. Esto es lo que sucede en los ejemplos anteriores. En el segundo, la aparición de *le* ya indica suficientemente con quién se relacionan «las gafas», sin necesidad de volver a insistir en ello.

En el ejemplo tercero, la cosa se complica un poco. En el apartado 3.1, explicábamos, de acuerdo con Pottier, que existen dos visiones diferentes en la lengua para un mismo esquema conceptual: V.1 o verbal y V.2 u oracional. Decíamos, asimismo, que el posesivo supone la nominalización de las relaciones sujeto - predicado, contando con la posibilidad de que, al nominalizar, podía ponerse de relieve especialmente la relación entre los actantes. En este caso, el predicado verbal estaba implícito en el significado del sustantivo o en el texto:

V.2 «Su casa»
V.1 «El vive en una casa».

Si el hablante toma el camino de V.1, rechaza V.2. Esto es lo que ocurre en «se puso el abrigo», que no es más que la V.1 correspondiente a una V.2, «su abrigo», ya que «ponerse» es el predicado implícito típico de toda prenda de vestir. Ya la persona está expresada: es el sujeto de la oración. La aparición del posesivo en estas frases se explicaría por la posibilidad de existencia de varios ejemplares para la clase designada por el sustantivo (abrigo: Ab. 1, Ab. 2, ... Ab. x) y/o varios participantes (P1, P2, ... Px). Si encontramos un posesivo que señale persona diferente a la señalada por el sujeto («se puso *tu* abrigo») manifiesta una violación de las correspondencias que la experiencia había establecido:

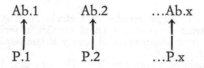

Ab.1   Ab.2   ...Ab.x

P.1   P.2   ...P.x

Si P.1 = El y P.2 = Tú, «se puso tu abrigo» quiere decir P.1 ——→ Ab.2, o sea, que se ha establecido una relación que no era la esperada, la normal.

Si encontramos un posesivo que coincida con el sujeto de la oración, manifiesta dos hechos:

1. Simple énfasis que nos llevaría a interpretar la relación, en este caso, como posesiva. [18]

2. Afirmación de las correspondencias establecidas (se pone Ab.1, pero no Ab.2, ni Ab.x).

Esas correspondencias no están explícitas necesariamente, sino presupuestas. Constituyen un conocimiento pragmático y configuran parte de lo que se ha llamado situación. Es un factor, como se ve, de incidencia en lo lingüístico.

Una situación semejante es la que se da en el ejemplo primero. El sujeto de la acción «coger» sería la misma persona que señalaría el posesivo en relación con «guantes» y «gabán». La aparición del posesivo obedecería a las mismas razones que antes se han expuesto para el ejemplo tercero, sólo que, al haber dos sustantivos, la situación se complicaría un poco: «cogió sus guantes de mi abrigo», «cogió mis guantes de su abrigo», etc. La frase del ejemplo recogería la situación normal: la del sujeto que coge del gabán que se pone normalmente (y que, en este caso, le pertenece) los guantes que normalmente se pone (y que, en este caso, le pertenecen). Las situaciones anómalas irían aclaradas o matizadas con la expresión del posesivo. [19]

De todo, se infiere, pues, que son varias las formas de señalar la persona en el SN:

1. La situación pragmática.

2. El contexto.

3. El posesivo.

---

18. Ya en el ejemplo de por sí, la relación es de posesión (interpretación extralingüística). Lo que queremos decir es que la aparición del posesivo, coincidiendo en la señalación de la persona con la del sujeto, subraya este matiz en este caso. En otros, el énfasis se dirige por otros caminos. Véase la nota 45 del cap. 1.

19. La situación normal se refiere a la presuposición implícita de que nadie coge unos guantes que no le pertenecen, de un gabán que no le pertenece. Esta presuposición es la que evita la reiteración en la indicación de persona.

Evidentemente, no son excluyentes, como se ha visto en los ejemplos anteriores. El dativo de interés sería un instrumento contextual. *De + personal* estaría en el punto tercero por el hecho de ser un recurso gramatical (adjetivo de discurso) que convive con el léxico (adjetivo de lengua).

Esto quiere decir, no que el sistema sea defectuoso, sino que la lengua ofrece dos posibilidades para la señalación de persona en el SN: los deícticos o la presuposición (contextual o pragmática).

El español se caracteriza por el uso predominante de los factores presuposicionales, lo que no supone la eliminación de los deícticos, por una doble razón:

1.   No siempre es posible usar el recurso contextual o pragmático. Esto está especialmente claro en los ejemplos expuestos.

2.   Siempre es posible el énfasis.

3.   Y, tal vez la más importante, porque la lengua es redundante de naturaleza.

Es una situación paralela a la de los personales en función de sujeto. La persona se expresa por medio del morfema de persona verbal, pero ello no implica la desaparición de los personales, por las mismas razones antes indicadas para los posesivos.

Según un recuento de S. Fernández[20], el «pronombre» *yo* se emplea cuando es necesario y cuando no lo es y, además, muchas veces, no se utiliza cuando es necesario, es decir, cuando el verbo es ambiguo en la expresión de persona. Es evidente, por tanto, que aquí también influye el factor contextual o pragmático: por el texto anterior o la situación, se puede saber si «venga» es primera o tercera persona del presente de subjuntivo.

Por consiguiente, lo que se ha dicho del posesivo parece confirmarse en los personales, por lo que creemos que todos estos hechos son generales, afectan al sistema de los deícticos personales en conjunto. Luego, se manifiestan de una forma u otra, según el deíctico se realice como adjetivo o como sustantivo. Es decir, el español puede optar para la señalización de persona por el sistema deíctico o por otros medios. En el deíctico personal adjetivo esos otros medios son el contextual y/o pragmático. En el deíctico personal sustantivo, son estos mismos y el morfemático (que, en cierto modo, es contextual).[21]

---

20.   *Op. cit.*, pág. 218.
21.   El morfemático, porque el morfema de persona es elemento de concordancia en el sintagma nominal y no aparece en el verbal.

El escaso uso del posesivo hay que entenderlo en este sentido, como una característica estuctural en la que intervienen factores de norma lingüística. Esta sería la causante de la inclinación hacia «los otros medios». Sería arriesgado afirmar que el origen de esta norma son los escrúpulos del hombre español por afirmar sus posesiones, entre otras cosas porque el posesivo no es el valor básico del elemento considerado, sino una interpretación extralingüística de los valores discursivos[22]. Puede que haya en esa elección una característica psicosocial de nuestro pueblo, pero eso sería materia de otro tipo de estudios diferentes a los que se intentan realizar en el presente trabajo. Para los fines de éste basta la caracterización del sistema deíctico personal que se ha esbozado en lo anterior.

Esta caracterización funcional es la que le distingue de otros sistemas. Se ha hablado frecuentemente de que lenguas como la inglesa usan el posesivo de manera excesiva en relación con el español, y de ahí se ha concluido el escaso uso que el español hace del posesivo. Estos contrastes son tanto más peligrosos, por cuanto no hay estudios completos comparativos de ambos sistemas (o, al menos, no los conocemos). Esos contrastes se reducen a frases aisladas, a partir de las cuales se sacan conclusiones apresuradas.

Efectivamente, la traducción de *I put my hand in my pocket*[23] («Metí la mano en el bolsillo», lit., «yo metí mi mano en mi bolsillo» puede ser una muestra del «abuso» del posesivo en inglés y del «desuso» del mismo en español.

Igualmente, la traducción de *I think I should go* («creo que debería ir», lit., «yo creo que yo debería ir») puede ser una muestra del «abuso» de los personales en inglés y del «desuso» de los mismos en español.

Pero esta interpretación sería errónea. Los personales se usan en inglés como morfemas de persona verbales, porque los verbos en inglés no poseen tales morfemas[24]. Sin querer afirmar nada, es curiosa la relación entre el empleo de los personales, abundantes por necesidad, y el de los posesivos, en inglés. Parece como si en inglés se hubieran inclinado por el recurso del deíctico personal y no por «los otros medios». Y ello por nece-

---

22. Véase 1.1.
23. El ejemplo es de E. LORENZO: *Op. cit.,* pág. 35.
24. Excepto la tercera persona singular del presente de indicativo que toma «-s» (o «-es»), menos en los verbos defectivos (can, must, may, etc.).

sidad de la V.1, donde el personal funciona específicamente y sin competencia posible de la situación o el contexto.

El sistema español, al carecer de esta necesidad, se inclina por «los otros medios», aunque no definitivamente, por las razones ya explicadas.

Lo que ocurre en inglés si se confirmara, daría validez a la hipótesis que más arriba se ha planteado, acerca de que lo que se pone en funcionamiento es el sistema de los deícticos personales en conjunto, independientemente de que sean adjetivos o sustantivos.

Hemos visto que las «deficiencias» del posesivo parecen favorecer al personal, en tanto en cuanto se recurre a sus formas para evitar la ambigüedad de la tercera persona. Pero la equivalencia del grupo prepositivo con sustituto personal sustantivo y el posesivo, también ha hecho que este último se beneficie a expensas de aquél. Así, en los adverbios deícticos mostrativos de referencia externa [25], el posesivo sustituye cada vez con más frecuencia al grupo *de + personal:* «delante suyo» (delante de él).

Este hecho ha sido ya señalado por diversos autores [26]. Se conviene en que estos adverbios están muy cerca del nombre o de que se nominalizan [27] con la adición del posesivo, pero cabría la explicación inversa.

Hay sustantivos que en determinadas construcciones muy usadas sufren un proceso de lexicalización. Pertenecen, generalmente, a un espectro semántico definido: expresan 'zona' o 'lugar', y, como no llevan explícita la referencia a la misma, exigen un complemento que la indique: *lado, torno, frente,* etc. Según el proceso de lexicalización sea menor o mayor admiten o no la variación de la posición del posesivo:

«Al lado mío» / «A mi lado»

«En torno mío» / *«En mi torno».

Este proceso de lexicalización los dirige hacia la clase de adverbios antes indicada, cuyos componentes no son otra cosa

---

25. Véase 2.1.2.
26. Especialmente ha sido estudiada por BARKER DAVIS, en un artículo titulado «Delante mío: enfoque y análisis del problema», *OFINES,* núm. 7 (1966).
27. *Idem,* pág. 5.

que antiguos sustantivos que han sufrido el mismo proceso de lexicalización. La relación semántica entre unos y otros es clara: o significan lo mismo *(en torno = alrededor)* o especifican zonas que los adverbios no especificaban *(al lado)*

Cuando el sustantivo está funcionando como tal, difícilmente admite en español *de mí* en lugar de *mío,* aunque se conozca la relación entre ambas formas.

Lo lógico sería que al adverbializarse estos sustantivos se acoplaran al sistema de los adverbios. Pero la relación del hablante ha sido inversa: rechazo del pronombre personal de primera y segunda persona, y uso del posesivo.

No obstante el hecho no es tan rigurosamente sistemático. Se hallan casos en que el posesivo se antepone al adverbio, especialmente si éste es *alrededor (alrededor de mí ——> alrededor mío ——>* (a través de *a mi lado) a mi alrededor).*

7.

CONCLUSIONES

El posesivo es un deíctico porque introduce una señalación. Como ésta se dirige a las personas lingüísticas, podemos afirmar que es un deíctico personal.

Frente al tradicional pronombre personal, que también es deíctico personal, con funcionamiento de sustantivo, el posesivo es adjetivo. Por tanto, consideramos la existencia de una categoría deíctica personal con un doble funcionamiento morfosintáctico: sustantivo o adjetivo, con dos formas, la del personal y el posesivo, respectivamente. Por el recurso de la traslación, el sustantivo puede funcionar como adjetivo y el adjetivo puede hacer lo propio como sustantivo (*art. + posesivo*).

Al igual que el personal, el posesivo es sustituto, pero, a causa de su diferente función morfosintáctica, sustituyen a diferentes clases de palabras: el personal sustituye a sustantivos y el posesivo a adjetivos.

Frente al demostrativo, que señala lo que está en la zona de las personas lingüísticas, el posesivo señala a las propias personas lingüísticas. El demostrativo, además, muestra un funcionamiento morfemático semejante al del artículo, porque no es adjetivo (no puede ser atribuido). El posesivo es adjetivo. El demostrativo no sustituye.

Frente a los adjetivos calificativos, el posesivo no denota una sustancia semántica. Su contenido es gramatical, aunque su funcionamiento morfosintáctico es semejante al de aquéllos.

Las distintas formas del posesivo son variantes distribucionales. Las formas antepuestas conllevan identificación del sustantivo. Las formas pospuestas son variantes de las primeras cuando el sustantivo no está identificado. La combinatoria con verbos manifiesta el primer momento del proceso de la atribución frente a la combinatoria con sustantivo que manifiesta cualidad atribuida.

En su funcionamiento atributivo (función primaria del adjetivo) el posesivo remite especialmente a «mención de persona», frente a la función adnominal, que remite indistintamente a persona, animal o cosa.

Cabría, por último, una discusión acerca del nombre de *posesivo*. Puesto que la expresión de la posesión no es su valor lingüístico, podríamos proponer otros más adecuados. Pero dada la tradicionalidad del nombre y la arbitrariedad del signo lingüístico (lo importante es el concepto subyacente) sugerimos que se mantenga el mismo.

APENDICE

Posesivo antepuesto

	Mi	*Tu*	*Su*	*Nuestro*	*Vuestro*	
B. O.	60	37	25	13	0	135
M. H.	231	168	140	6	1	546
A. M.	294	321	630	34	14	1.293
B. V.	60	80	285	27	1	453
C. J. C.	102	40	522	19	4	687
C. L.	782	150	778	40	2	1.752
A.	120	10	158	14	6	308
P. B.	70	8	658	6	0	742
U.	14	2	473	162	0	651
	1.733	816	3.669	321	28	6.567

Posesivo pospuesto

	Mío	Tuyo	Suyo	Nuestro	Vuestro	
B. O.	11	2	0	1	0	14
M. H.	20	7	1	2	0	30
A. M.	50	5	12	3	2	72
B. V.	9	10	0	1	0	20
C. J. C.	30	5	13	0	0	48
C. L.	63	7	21	1	0	92
A.	6	0	2	1	0	9
P. B.	7	1	13	1	0	22
U.	1	2	5	5	0	13
	197	39	67	15	2	320

Posesivo adverbal

	Mío	Tuyo	Suyo	Nuestro	Vuestro	
B. O.	1	0	0	1	0	2
M. H.	1	1	0	0	0	2
A. M.	3	2	5	0	0	10
B. V.	0	0	0	1	0	1
C. J. C.	2	0	3	0	0	5
C. L.	5	0	3	0	0	8
A.	0	0	0	0	0	0
P. B.	0	0	2	0	0	2
U.	0	0	2	1	0	3
	12	3	15	3	0	33

BIBLIOGRAFIA

ALARCOS LLORACH, E.: *Gramática estructural*. Gredos, Madrid, 1974.

— *Estudios de gramática funcional*. Gredos, Madrid, 1973.

— «Grupos nominales con /de/ en español». *In honorem* R. Lapesa, tomo I, Gredos, Madrid, 1972, págs. 85-91.

ALCINA, J., y BLECUA, J. M.: *Gramática española*. Ariel, Barcelona, 1975.

ALONSO, A., y HENRÍQUEZ UREÑA, P.: *Gramática castellana. Primero y segundo curso*. Buenos Aires, 1964.

ALONSO, M.: *Gramática del español contemporáneo*. Guadarrama, Madrid, 1968.

BARKER DAVIS, J.: «Delante mío: enfoque y análisis del problema», *OFINES*, núm. 7 (1966), págs. 4-6.

BASSOLS DE CLIMENT, M.: *Sintaxis latina*. C. S. I. C., Madrid, 1973.

BEINHAUER, W.: *El español coloquial*. Gredos, Madrid, 1963.

BELLO, A., y CUERVO, R. J.: *Gramática de la lengua castellana*. Sopena, Argentina, 1970.

BENVENISTE, E.: *Problemas de lingüística general*. Siglo XXI, Madrid, 1974.

BÜHLER, K.: *Teoría del lenguaje*. Revista de Occidente, Madrid, 1967.

CARBONERO CANO, P.: *Funcionamiento lingüístico de los elementos de relación*. P. U. S., Sevilla, 1975.

— *Deíxis espacial y temporal en el sistema lingüístico*. P. U. S., Sevilla, 1979.

COSERIU, E.: *Teoría del lenguaje y lingüística general*. Gredos, Madrid, 1973.

CRIADO DE VAL, M.: *Gramática española y comentario de textos*. S.A.E.T.A., Madrid, 1958.

CHOMSKY, N.: *Aspectos de la teoría de la sintaxis*. Aguilar, Madrid, 1970.

DUBOIS, J., y otros: *Diccionario de lingüística*. Alianza, Madrid, 1970.

FERNÁNDEZ RAMÍREZ, S.: *Gramática española. Los sonidos, el nombre y el pronombre*. Revista de Occidente, Madrid, 1950.

GILI Y GAYA, S.: *Curso superior de sintaxis española.* Bibliograf, Barcelona, 1967.

GRANDA, G. DE: «La evolución del sistema de posesivos en el español atlántico. *(Estudio de Morfología diacrónica.)*». B. R. A. E., tomo XLVI, 1966, págs. 69-82.

HERNÁNDEZ, C.: *Sintaxis española.* Valladolid, 1970.

KANY, Ch. E.: *Sintaxis hi panoamericana.* Gredos, Madrid, 1969.

LAMÍQUIZ, V.: «El demostrativo en español y en francés. Estudio comparativo y estructuración». *R. F. E.,* L (1967), págs. 163-202.
— *Lingüística española.* P. U. S., Sevilla, 1974.
— «Los posesivos del español», *OFINES,* núm. 10 (1967), págs. 7-9.

LÁZARO CARRETER, F.: *Diccionario de términos filológicos.* Gredos, Madrid, 1974.

LÓPEZ DE MESA, L.: «El posesivo de sujeto plural en castellano», *Boletín de la Academia Colombiana,* VII, Bogotá, 1957, págs. 10-12.

LORENZO, E.: *El español hoy, lengua en ebullición.* Gredos, Madrid, 1971.

MARCOS MARÍN, F.: *Aproximación a la gramática española.* Cincel, Madrid, 1974.

MENÉNDEZ PIDAL, R.: *Manual de gramática histórica española.* Espasa-Calpe, Madrid, 1973.

PÉREZ-RIOJA, J. A.: *Gramática de la lengua española.* Tecnos, Madrid, 1966.

POTTIER, B.: *Introduction à l'étude de la morphosyntaxe espagnole.* Ed. Hispano-Americanas, París, 1963.
— *Gramática del español.* Ediciones Alcalá, S. A., Madrid, 1971.

R. A. E.: *Gramática de la lengua española.* Espasa-Calpe, Madrid, 1931.
— *Esbozo de una nueva gramática de la lengua española.* Espasa-Calpe, Madrid, 1973.

ROCA PONS, J.: *Introducción a la gramática.* Teide, Barcelona, 1970.

SÁNCHEZ MÁRQUEZ, M. J.: *Gramática moderna del español. Teoría y norma.* Buenos Aires, Ediar, 1972.

SECO, R.: *Manual de gramática española.* Aguilar, Madrid, 1971.

SCHMIDT, S.: *Teoría del texto.* Cátedra, Madrid, 1973.

TESNIÈRE, L.: *Éléments de syntaxe structurale.* Klincksieck, París, 1976.

TRUBETZKOY, N. S.: *Principios de fonología.* Cincel, Madrid, 1973.

WOLF, E. M.: «El posesivo y la estructura semántica del texto». *Atti del XIV Congreso Internazionale di Linguistica Romanza,* vol. IV, Nápoles, 197 , págs. 411 a 419.

ZAMORA VICENTE, A.: *Dialectología española.* Gredos, Madrid, 1967.

FUENTES DE LOS EJEMPLOS

«Azorín»: *Las confesiones de un pequeño filósofo*. Austral, Madrid, 1970.

Baroja, P.: *La busca*. Edit. Caro Raggio, Madrid, 1973.

Buero Vallejo, A.: *El tragaluz*. Escelicer, Madrid, 1972.

Cela, C. J.: *La colmena*. Edit. Noguer, Barcelona-Madrid, 1964.

Hernández, M.: *Antología*. Zero, S. A., Madrid, 1974.

Laforet, C.: *Nada*. Destino, Barcelona, 1971.

Machado, A.: *Poesías completas*. Austral, Madrid, 1974.

Otero, B. de: *Angel fieramente humano. Redoble de conciencia*. Losada, Buenos Aires, 1977.

Unamuno, M. de: *En torno al casticismo*. Austral, Madrid, 1972.